Hans-Arved Willberg

# *Du gibst mir neue Kraft*

*Für Zeiten der Krankheit*

BRUNNEN
VERLAG GIESSEN · BASEL

Umschlagfoto: Walke
Umschlaggestaltung: Ralf Simon
Satz: DTP Brunnen
Herstellung: Ebner Ulm
ISBN 3-7655-1666-X

# *Inhalt*

# *Zum Geleit*

Meine Gedanken sind nicht so wichtig. Und einseitig sind sie noch dazu. Aber Gottes Gedanken sind wichtig, darum haben wir die Bibel. Und deshalb habe ich jeder Andacht einen Bibeltext beigefügt; der soll zu Ihnen sprechen. Am besten lassen Sie ihn ein wenig auf sich wirken. Es kann helfen, *einen* Gedanken zu formulieren, bei dem klar wird: Das ist jetzt wirklich *mein* Gedanke dazu. Das spricht mich an, das ist mir wichtig. Wenn Sie am Morgen diesen Gedanken gefasst haben, erinnern Sie sich nochmals mittags daran. Und ein drittes Mal am Abend. Damit dieser Gedanke in Ihnen Raum gewinnt und Sie den Tag über darüber nachsinnen können. Zu leicht ist sonst gleich alles wieder vergessen. Wenn ich mir solche Gedanken mache, komme ich manchmal aus dem Notieren gar nicht mehr heraus – ein Gedanke hängt sich an den anderen. Aber es muss erst einmal angefangen haben – mit *einem* Gedanken.

Martin Luther sagte: „Die Heilige Schrift ist wie ein Kräutlein, je mehr du es reibst, desto mehr duftet es." Das kann natürlich auch heißen, dass wir uns an dem Text reiben, bis etwas aufgeht; irgendetwas. Bis wir in ein Zwiegespräch mit diesem Wort kommen, dann wird eine An-dacht daraus. Etwas wird an-gedacht, es muss gar nicht fertig gedacht sein. Bibellesen ist immer nur ein An-Denken. Aber dieses An-Denken führt weiter. Es lässt nach-denken. Es kann auch in ein Um-Denken führen.

So hinterlässt der tägliche Umgang mit der Bibel seine Spuren im täglichen Leben – wie das tägliche Brot. Da kann auch schon ein wenig ganz viel sein. Und manchmal ist es gar nicht nötig, größere Mengen zu verschlingen. Es kommt eben auf den Gehalt an. Darum: Lieber wenig, aber einigermaßen konzentriert, als alles Mögliche, was wir doch nicht umsetzen können. Zum Umsetzen von geistiger Nahrung gehört aber wesentlich das Erinnern.

Es liegt nahe, den täglichen Umgang mit der Bibel mit der Einnahme von Medikamenten zu vergleichen. Das könnte man gut begründen. Aber ich möchte doch lieber von Nahrung sprechen. An Medikamente sollte man sich nicht gewöhnen. Man braucht sie in der Regel eine Zeit lang, um wieder gesund zu werden. Essen zu können ist hingegen immer ein Zeichen von Gesundheit.

Dieses Büchlein ist nicht als bittere Medizin gedacht. Hoffentlich „verordnet“ es Ihnen niemand. Aber vielleicht wollen Sie sich damit etwas Gutes tun. Vielleicht können Sie es ein wenig genießen als etwas Gesundes bei all dem vielen Kranken um Sie herum. Das Büchlein soll so etwas wie ein frisches hübsches Sträußchen auf Ihrem Nachttisch sein.

# Nur eine Niete?

Du bist eine ganz schöne Niete!“ Jeder weiß, was damit gemeint ist. Aber schauen wir doch einmal hin: Wozu ist eine Niete da? Eine Niete fällt nicht groß auf, aber sie ist wichtig. Viele Gegenstände würden sofort auseinander fallen, wenn nicht unzählige Nieten sie zusammenhielten. Die Nieten haben ihren wichtigen Platz, an dem sie unbedingt gebraucht werden.

Trotzdem würde es mich wenig trösten, wenn mich jemand als Niete bezeichnete und es dann auf diese Weise erklären wollte. Aber daran will ich denken: So wie die Niete in Wirklichkeit ihre durchaus wichtige Bedeutung hat, so ist es auch mit einem Menschen, der sich selbst für einen Versager hält. Nur dem Anschein nach ist er eine unbegabte Person. Vielleicht nur, weil mit zweierlei Maß gemessen wird? Die auffälligen Gaben bewundern wir. Doch sehr viele Gaben sind unscheinbar, obwohl es wertvolle Gaben sind. Manchmal nehmen Menschen Positionen ein, die ihnen gar nicht liegen. Dann versagen sie leicht an dieser Stelle. Wenn sie aber am passenden Platz wären, würde man sich über ihre Fähigkeiten wundern.

Wir müssen lernen, weder andere noch uns selbst als Niete abzustempeln. Wenn jemand versagt, dann wird es

***Wir sind geneigt, sichtbare Erfolge an die erste Stelle zu setzen, Gott aber räumt der Liebe den ersten Platz ein.***

CHARLES DE FOUCAULD

wohl einen Grund haben. Unter anderen Umständen, in anderen Verhältnissen, an einem besonderen Platz, in einer entsprechenden Aufgabe würde er sicher nicht scheitern. Und trotzdem wäre er genau derselbe Mensch.

Eins wollen wir nie vergessen: Gott hat die einzigartige Fähigkeit, aus unseren Unzulänglichkeiten etwas Gutes zu machen. Gott beschämt die Menschen nicht gern, aber er liebt es, sie zu ermutigen. So musste der Apostel Paulus mit einer rätselhaften Schwachstelle leben, die ihm so zusetzte, dass er sich in seinem Missionsdienst behindert fühlte. Es fiel ihm schwer, sich mit dieser Behinderung anzunehmen. So bat er Gott, ihn davon zu heilen. Gott aber antwortete: „Du sollst lernen, an dieser Stelle eine Niete zu sein. Das schmälert nicht deinen Wert. Gerade im Darunterbleiben wirst du gesegnet sein."

Das wird nicht Menschen gesagt, die ihre Schwachstellen pflegen, weil sie sich damit der Verantwortung entziehen können, sondern solchen, die unter ihren Schwächen leiden. Sie dürfen wissen: Du brauchst nicht perfekt zu sein. Du musst nicht mit allem fertig werden. Du darfst Mängel haben. Gott liebt dich so, wie du bist. Deshalb darfst du es dir auch erlauben, Gott für dein Leben mit all seinen Unvollkommenheiten zu danken.

*Gott lässt mich unter einer Krankheit leiden, die mir schwer zu schaffen macht. Dreimal schon habe ich Gott angefleht, dass er mich davon befreit. Aber er hat zu mir gesagt: „Verlass dich ganz auf meine Gnade. Denn gerade wenn du schwach bist, kann sich meine Kraft an dir besonders zeigen."* *2. Korinther 12, 7-9*

# *Gut gemeint, aber ...*

Es geschah 1982 in London. Zwei maskierte Männer stürmten in ein Altenpflegeheim. Alle einigermaßen mobilen Bewohner saßen im Fernsehraum, mit dem Rücken zum Eingang. Die Tür wurde aufgerissen: „Hände hoch!“, schrie einer der beiden. Niemand rührte sich. War der Fernseher zu laut? „Alle auf den Boden legen – oder ich schieße“, brüllte der andere. Auch dieses Mal reagierten viele nicht. Einige wendeten sich nach hinten und lächelten den Eindringlingen freundlich zu oder blickten sie erstaunt und unverständig an. Es war nichts zu machen. Enttäuscht und verärgert suchten die Räuber das Weite.

*Jesus liebt jeden Einzelnen von uns so, als ob es sonst niemanden gäbe, den er lieben könnte.*

HUDSON TAYLOR

Ihr böser Wille ging nicht in Erfüllung, weil sie die falsche Methode wählten. Leider kann es dem guten Willen genauso gehen. „Ich hab's doch gut gemeint!“ Wie oft denken wir das und sind gekränkt, weil die Wirkung unserer guten Absicht ganz und gar nicht entsprach. Aber wer meint es eigentlich nicht gut? Und dennoch kommt so oft das Gegenteil heraus. Es genügt nicht, es nur gut zu meinen. Wir müssen uns auch Gedanken über das Ziel und den Weg des Guten machen.

Wenn wir im Gespräch sind: Worauf will ich hinaus? Wird der andere mein gut gemeintes Ziel auch gut finden? Vielleicht ist es ja nur in meinen Augen gut? Könnte man da auch anderer Meinung sein? Wird der andere mich auch verstehen? Oft sage ich etwas, das ganz anders gemeint war, als es aufgenommen wird. Wir dürfen also nicht voraussetzen, immer verstanden zu werden. Wir müssen uns auch verständlich machen. Das ist zwar eine Mühe, sie lohnt sich aber. Sehr viele zwischenmenschliche Probleme rühren daher, dass man sich diese Mühe nicht macht.

„Lasst einander gelten und nehmt euch gegenseitig an, so wie Christus euch angenommen hat", schrieb Paulus den Christen. Den guten Willen haben wir zwar, doch muss er sich in der Praxis bewähren. Oft scheint das um so schwerer zu werden, je näher man sich kommt. Den anderen kann ich nur annehmen, wenn ich bereit bin, ihn verstehen zu wollen und mich ihm verständlich zu machen.

Jesus Christus ist unser großes Vorbild in der Kunst des Annehmens. Er hat es nicht nur vorgemacht, er praktiziert es bis heute mit jedem von uns. Er nimmt uns an, so wie wir sind. Und auch die anderen, die wir nicht annehmen können!

Kranke Menschen erfahren oft schmerzlich, dass sie nicht verstanden und akzeptiert werden. Oft redet man über sie hinweg oder an ihnen vorbei. Aber Jesus Christus versteht sie ganz und stellt sich zu ihnen. Das ermutigt, es neu zu wagen: Ich will verstehen lernen und nie aufhören mit dem Versuch, mich selbst verständlich zu machen.

*Jeder von uns soll sich so verhalten, dass sein persönliches Vorbild den Nächsten zum Guten ermutigt und ihn im Glauben stärkt. Auch Christus lebte nicht für sich selbst. Nehmt euch gegenseitig an, so wie ihr seid, denn auch Christus hat euch ohne Vorbehalte angenommen. Auf diese Weise wird Gott geehrt.*

*Römer 15, 2.3a und 7*

# Sagen können, was belastet

Als Baron Münchhausen bei einem Ritt in den Sumpf geraten war, zog er sich samt dem Pferd am eigenen Schopf wieder heraus. Ja, wenn das immer so ginge! Es kommen Situationen vor, in denen wir allein einfach nicht mehr zurechtkommen. In solchen Fällen wendet man sich an einen Fachmann; dafür gibt es die Spezialisten. Je nachdem wird entweder ein Installateur oder der Elektriker gerufen – oder eben auch ein Arzt. Wenn Sie das nicht für sinnvoll hielten, wären Sie wahrscheinlich jetzt nicht im Krankenhaus.

Ob es nicht auch seelische Probleme gibt, mit denen wir allein nicht fertig werden? Dafür stehen ebenfalls Fachleute zur Verfügung: Ausgebildete Seelsorger und Lebensberater, Psychotherapeuten und Psychiater. Leider werden da Unterschiede gemacht. Wer Seelenspezialisten aufsucht, kommt leicht in den Verdacht, „nicht ganz normal“ zu sein. Viele verzichten dann lieber auf die notwendige seelische Hilfe und versuchen es allein. Oft suchen sich dann aber die verdrängten Probleme einen Umweg. Etwa die Hälfte aller körperlichen Erkrankungen – so schätzt man – hat damit zu tun, dass seelische Nöte nicht genügend wahrgenommen und angemessen bearbeitet wurden.

Es hilft schon viel, nur einmal über das zu sprechen, was einem Schwierigkeiten bereitet. Wenn einer da ist, der gut zuhört und nicht gleich billige Ratschläge verteilt, kann das schon beträchtlich zur Erhellung des Problems beitragen. Manches lässt sich, wenn man ehrlich zu sich selbst ist, auch ohne die Hilfe anderer erkennen. Aber jeder hat auch seine blinden Flecken: Bereiche, die wir unbewusst so perfekt ausblenden, dass wir sie einfach nicht merken. Hier kommen wir ohne das zurechthelfende Gespräch nicht aus.

> *Das Wort,*
> *das dir hilft,*
> *kannst du dir*
> *nicht selber sagen.*
>
> ÄTHIOPISCHES SPRICHWORT

Früher ist man mit seinen Sorgen zum Pfarrer gegangen. Auch heute noch sind „Seelsorger“ und „Pfarrer“ weithin austauschbare Begriffe. Aber das entspricht nur noch wenig der Praxis. Denn für die Seele sorgen heute in der Regel die Psychotherapeuten. Was jedoch der Seele Sorgen macht, ist sehr oft und ganz tief innen auch die Frage nach Gott. Dafür Hilfe zu geben liegt nicht unbedingt im Zuständigkeitsbereich eines Psychotherapeuten.

Haben Sie sich eigentlich schon mit Ihrem Krankenhausseelsorger unterhalten? Vielleicht hat er Sie noch nicht aufgesucht. Wahrscheinlich hat er auch so viel zu tun, dass er nicht in jedes Zimmer kommen kann. Aber Sie können damit rechnen, dass er Sie gern besucht, wenn Sie sich an ihn wenden. Nicht nur, um sich mit Ihnen über Gott und den Glauben zu unterhalten. Dennoch könnte es ja sein, dass die Frage nach Gott Sie im Augenblick ziemlich stark bewegt. Oder sonst eine Angelegenheit, über die Sie gern einmal mit einer vertrauenswürdigen Person reden würden? Dann wagen Sie es einfach!

*Der Herr ist gnädig und barmherzig; seine Geduld hat kein Ende, und seine Liebe ist grenzenlos! Der Herr ist gut zu allen und schließt niemanden von seinem Erbarmen aus, denn er hat allen das Leben gegeben. Auf das Wort des Herrn kann man sich verlassen, und was er tut, das tut er aus Liebe. Wer keinen Halt mehr hat, den hält der Herr; und wer schon am Boden liegt, den richtet er wieder auf.*

*Psalm 145, 8 und 9, 13b – 14*

## Ganz darüber und ganz dabei

Je nachdem, von welcher Seite man durch ein Fernglas schaut, kommt das Betrachtete ganz nah und scheint sehr groß oder es sieht so aus, als wäre es winzig klein und ganz weit entfernt. Ob es beim Umgang mit unseren Sorgen nicht oft auch entscheidend darum geht, wie man sie anschaut? Aus der Froschperspektive werden sie übermächtig groß. Da kommt man sich ganz klein und hilflos vor. Wenn man da nur in die Vogelperspektive wechseln könnte! Dann könnte man über den Dingen schweben, dann wäre alles halb so schlimm.

Zum Teil ist es eine Frage der Veranlagung, wie wir die Probleme ansehen. Der eine nimmt die Dinge grundsätzlich schwerer, der andere leichter. Der eine neigt zu übergroßem Ernst, der andere dazu, vieles nicht ernst genug zu nehmen. Beides hat etwas für sich und gegen sich.

Aber soll das alles sein? Soll das heißen, dass wer die Dinge schwerer nimmt, nun weiter keinen Trost hat? Und dass einer, der sie normalerweise leicht nimmt, aber von einem bösen Krankheitsschlag getroffen, jetzt darunter zerbrechen muss?

Nein. Denn es gibt einen Helfer, der beides kann: Er sieht unsere Probleme aus der Vogelperspektive, aber er verharmlost sie nicht. Er steht völlig darüber und völlig darinnen. Das ist der Gott, an den Christen glauben. Dieser Gott behält immer die Übersicht. Er sieht den ganzen Zusammenhang unseres Leidens, und er weiß, wozu das alles gut ist. Aber er ist uns auch ganz nah, er fühlt mit, nimmt uns völlig ernst und versteht uns durch und durch. Kein Problem ist für ihn zu groß, aber auch keines zu klein. Was uns schwer ist, ist ihm auch schwer. In Jesus Christus hat er sich vorbehaltlos zu uns gestellt, ist er uns völlig gleich, ganz und gar menschlich. Denn er kam auf eine Ebene mit uns, er wurde unser Bruder.

*Wenn wir unter Jesus stehen, stehen wir über den Dingen. Wenn wir uns über Jesus erheben, geraten wir unter die Dinge.*

HELMUT THIELICKE

Auch wenn die Zeiten sich geändert haben, bezeichnet man gelegentlich noch Ärzte kritisch als „Halbgötter in Weiß". Das wird immer dann geäußert, wenn Patienten die Erfahrung machen, dass jemand zwar vorzügliche Fachkenntnisse hat, aber das Mitfühlen zu wünschen übrig lässt. Ein Arzt muss wissen, wie man Kranksein aus der Froschperspektive erlebt.

Jesus Christus hat sich selbst „Arzt" genannt. Er ist ein Arzt, wie wir ihn brauchen: Er übersieht unsere Lage, er weiß zu helfen und er nimmt sich unser ganz an. Dieser Arzt ist für Sie da. Und übrigens auch für Ihre Ärzte.

*Suchet den Herrn, solange er sich finden lässt! Betet zu ihm, solange er euch nahe ist! Hast du dich gegen Gott aufgelehnt? Bist du eigene Wege gegangen und eigenen Plänen gefolgt? Dann hör auf damit! Kehr deinem alten*

*Leben den Rücken, und komm zum Herrn! Er wird sich über dich erbarmen. Unser Gott vergibt uns, was auch immer wir getan haben. Er sagt: Meine Gedanken sind nicht eure Gedanken, und meine Wege sind nicht eure Wege. Denn wie der Himmel die Erde überragt, so sind auch meine Wege viel höher als eure Wege und meine Gedanken als eure Gedanken.*

*Jesaja 55, 6-9*

# *Das Wesentliche*

Was wollen wir eigentlich unter „Kirche" verstehen? Einen großen Verein? Ein Gottesdienstgebäude? Das sind Äußerlichkeiten. Kann das alles sein? Kirche besteht aus Menschen, die alle etwas Gemeinsames haben: Sie sind auf den Namen des dreieinigen Gottes getauft. Die Taufe ist Gottes großes Geschenk an uns. Was haben wir mit diesem Geschenk gemacht?

Man kann Geschenke auspacken, sich daran freuen und sie so gebrauchen, wie sie gedacht sind. Oder man kann sie in der Versenkung verschwinden lassen. Oft werden Geschenke gar nicht richtig wahrgenommen. Traurig: Wahrscheinlich gibt es in den Kirchen viele Menschen, die sich sehr wenig Gedanken über dieses Geschenk der Taufe machen.

Im Neuen Testament heißt es von der Kirche: „Wir sind ganz und gar sein Werk. Durch Jesus Christus hat Gott uns so geschaffen, dass wir nun Gutes tun können. Er hat sogar die guten Taten schon geschaffen, die wir nun auch tun sollen.“ Das heißt doch: Da ist eine göttliche Kraft am Werk, die das schafft, was in der Kirche wesentlich ist. Das machen wir nicht selbst. Wir werden da hineingenommen und an unseren Platz gestellt. Der große Organisator dieses Unternehmens ist Gott selbst.

*Was uns Christen froh macht, sind nicht unsere Taten, sondern seine Taten.*

Wilhelm Busch

Wer einmal Physikunterricht hatte, kennt dieses Experiment: Eisenspäne werden auf eine Oberfläche gestreut, unter der sich ein Magnetfeld befindet. Nun ordnen sich, wie von unsichtbarer Hand gesteuert, die Späne nach den Linien des Magnetfelds. Ebenso schafft Gottes Heiliger Geist auf unsichtbare Weise das Wesentliche in der Kirche.

Mancher wird hier protestieren: Hat Gott denn auch Kreuzzüge, Hexenverbrennungen und alles Schlimme geschaffen, was in der Kirche und durch sie angerichtet wurde? Ganz sicher nicht. Denn Gott schafft nicht alles Mögliche in der Kirche, sondern allein das Wesentliche. Das ist ein großer Unterschied. Dass es viele Verirrungen in der Kirche gab und gibt, haben die Menschen selbst zu verantworten. Ist es verwunderlich, dass so etwas geschieht? Je größer die Gabe, desto größer die Versuchung zum Missbrauch: „Wo Gott eine Kirche baut, da baut der Teufel eine Kapelle daneben." Das kann sogar noch extremer sein: Gott baut eine Kapelle, weil ihm gar nichts am Großartigen liegt, und der Teufel baut eine Kathedrale daneben.

Im Glaubensbekenntnis sprechen wir: „Ich glaube an die Gemeinschaft der Heiligen, die heilige, christliche Kirche." Wir können das so sagen, weil Gottes Heiliger Geist das Wesentliche in ihr schafft: Die Gemeinschaft der Glaubenden, die unsichtbar durch die Kraft des Heiligen Geistes geordnet ist. Es sind die Menschen, die sich Gott anvertrauen, die ihm die Herrschaft über ihr Leben überlassen, die seinen guten Willen tun wollen und glauben, dass er im Stande ist, ihn durch sie zu vollbringen. Die finden auch ihren Platz, und Gott gebraucht sie dort. Nicht zuletzt im Krankenhaus.

*Denn nur durch Gottes unverdiente Güte seid ihr vom Tod errettet worden. Ihr habt sie erfahren, weil ihr an Jesus Christus glaubt. Aber selbst dieser Glaube ist ein Geschenk Gottes und nicht euer eigenes Werk. Durch eigene Leistungen kann man bei Gott nichts erreichen. Deshalb kann sich niemand etwas auf seine guten Taten einbilden. Gott hat etwas aus uns gemacht: Wir sind sein Werk, durch Jesus Christus neu geschaffen, um Gutes zu tun. Damit erfüllen wir nur, was Gott schon immer mit uns vorhatte.*

*Epheser 2, 8-10*

# *Sie dürfen es persönlich nehmen*

Was tun Sie mit einem Sack Zement, wenn Sie eine Mauer bauen wollen? Mit dem Zement allein lässt sich nichts anfangen. Wasser muss dazu! – In der Bibel stehen erfreuliche Dinge über die Liebe Gottes zu uns Menschen. Aber was haben wir davon?

In Amerika gab es einen Multimillionär, der heruntergekommen wie ein Bettler lebte. Was hatte er nun von seinen Millionen? Walt Disneys Dagobert Duck, die „reichste Ente der Welt“, tut immer so, als sei er die ärmste aller Kreaturen. Typisch menschlich, dieser Vogel?

Jesus hat die Geschichte von den „anvertrauten Talenten“ erzählt. Das „Talent“ war der Dollar von damals. Ein reicher Herr verreist für lange und überlässt seinen Verwaltern ein Vermögen. Die einen wirtschaften damit und steigern den Ertrag. Einer vergräbt das Geld. Jesus nennt den Grund: Er lehnt seinen Herrn ohne Ursache ab.

Vom genauen Gegenteil handeln zwei andere Gleichnisse Jesu: Das vom Schatz im Acker und von der kostbaren Perle. Dort spricht Jesus von Menschen, die auf Gottes gute Nachricht von seiner Liebe zu uns Menschen stoßen und sehr froh darüber werden. Ihnen geht es wie den Kindern an Weihnachten. Sie sind völlig überrascht und begeistert.

„Ihr müsst wie die Kinder werden“, sagt Jesus den

erwachsenen Leuten. „Ihr müsst Menschen werden, die sich gern und ohne Misstrauen etwas schenken lassen und sich freuen können. Sonst könnt ihr von Gottes Herrschaft in der Welt nichts begreifen."

Immer wieder berichten Missionare von Menschen in entlegenen Gebieten, zu denen das Evangelium noch nicht gedrungen war, über deren Verwunderung: Diese gute Nachricht von Gottes Liebe hätten wir doch eigentlich schon viel früher erfahren müssen! Warum kommt ihr erst jetzt? Für sie ist es klar: Das ist die größte Entdeckung, die ein Mensch machen kann.

***Jeder Mensch kann in der Bibel eine Stelle finden, die ihm etwas sagt. Von dort aus wird es hell.***

GUSTAV HEINEMANN

Wenn Sie eine Bibel haben – was machen Sie damit? Vielleicht befürchten Sie, dass die Weisheiten darin viel zu lebensfremd sind, um Ihnen im Alltag Orientierung und Halt zu geben. Das kann anders werden. Ein Rezept dazu: Nimm täglich ein wenig davon, immer so viel, wie du aufnehmen und verarbeiten kannst. Und dann gieße das Wasser deines Vertrauens dazu. Das heißt: Nimm es persönlich, was da steht. Nimm es als Zusage Gottes für dich an diesem Tag heute.

*Das Reich Gottes ist wie ein verborgener Schatz, den ein Mann auf einem Feld entdeckte und wieder verbarg. In seiner Freude verkaufte er alles, was er hatte, um den*

*Acker zu kaufen und so den Schatz zu bekommen. – Wer in das Reich Gottes will, muss handeln wie ein Kaufmann, der auf der Suche nach kostbaren Perlen ist. Er entdeckt eine Perle von unschätzbarem Wert. Deshalb verkauft er alles, was er hat, um sie zu besitzen.*

*Matthäus 13,44-46*

## *Ein echter Freund*

„Freundschaft heißt: Schritte." So kurz und knapp drückt es ein afrikanisches Sprichwort aus. Das will doch sagen: Wenn Freundschaft lebendig sein soll, müssen Menschen in Bewegung sein.

Es stimmt: Freundschaft lebt nicht von Lippenbekentnissen, sondern von Taten. Das erfahren besonders Menschen, die durch große Krisen gehen müssen. Da scheiden sich die wahren von den falschen Freunden. Die einen lassen sich auf einmal gar nicht mehr blicken, gerade jetzt, wo man sie besonders brauchte. Andere sind auf einmal da, unaufdringlich und zuverlässig, von denen man das nie erwartet hätte. So sind gerade im Krankenhaus schon manche Freundschaften entstanden, die lange währten.

„Freut euch mit den Fröhlichen und weint mit den

Traurigen", schreibt der Apostel Paulus. Ihm lag viel daran, den Menschen, denen er die gute Nachricht von der Liebe Gottes weitersagte, ein echter Freund zu werden. Freundschaft bedeutet, sich auf den anderen einzulassen, Schritte auf ihn hin zu tun und auf seine Schritte einzugehen. Es erinnert mich an einen Tanz: Man muss aufmerksam sein, denn sonst tritt man sich auf die Füße. Gelingende Freundschaft wird zu einem gemeinsamen „Lebenstanz" – manchmal ganz schwer und trotzdem gut.

*Einen Menschen lieben heißt: Für ihn Zeit haben.*

HANS BÜRKI

Freundschaft heißt: Mitgehen. Den anderen nicht allein lassen, besonders dann, wenn der Weg schwer wird. „Meine Freundin kommt noch heute Abend her und bleibt die nächste Zeit bei mir", sagte die Patientin, deren Mann gerade gestorben war. Die Freundin ließ alles stehen und liegen und machte sich auf einen sehr langen Weg. Eins war klar: Das musste wirklich eine Freundin sein.

Was meinen Sie: Ob auch Gott unser Freund ist? Viele können das fast nicht glauben. Vor allem dann, wenn sie etwas Schweres erleben, das ihnen ganz sinnlos erscheint. Dann kommt Gott vielen eher wie ein heimtückischer Feind vor.

„Erprobt es doch selbst und erlebt es: Der Herr ist gütig! Glücklich sind alle, die bei ihm Zuflucht suchen!" So heißt es in einem Psalm. Luther hat das so übersetzt: „Schmecket und sehet, wie freundlich der Herr ist.

Wohl dem, der auf ihn traut!“ Wenn das stimmt, entsprechen alle anderen Vorstellungen von Gott nicht den Tatsachen. Und das ist ja auch wirklich die gute Nachricht von Gottes Liebe zu uns: Gott fühlt ganz mit uns und geht ganz auf uns ein. Gott steht uns zuverlässig bei, wenn andere uns verlassen, und Gott nimmt den weitesten Weg auf sich, um bei uns zu bleiben. In Jesus Christus ist das alles greifbar für uns geworden. So ist Gott, so wie Jesus, so und nicht anders.

*Als ich den Herrn um Hilfe bat, antwortete er mir und befreite mich von meinen Ängsten. Wer zum Herrn aufschaut, der strahlt vor Freude, und sein Vertrauen wird nie enttäuscht. Ich war am Ende, da schrie ich zum Herrn, und er hörte mich; aus aller Bedrängnis hat er mich befreit. Der Engel des Herrn stellt sich schützend vor alle, die Gott ernst nehmen, und bringt sie in Sicherheit. Probiert es aus und erlebt selbst, wie gut der Herr ist! Glücklich ist, wer bei ihm Zuflucht sucht!*

*Psalm 34,5-9*

# *Der lange Weg zur ersten Klasse*

Früher muss es bei der Eisenbahn vier Klassen gegeben haben. So sei es auch in der Ehe, sagte jemand. Vierte Klasse: gegeneinander; dritte Klasse: nebeneinander; zweite Klasse: miteinander; erste Klasse: füreinander.

Nach einem jüdischen Sprichwort ist eine erstklassige Ehe ein größeres Wunder als der Gang der Israeliten durch das Rote Meer.

Manchmal kann man allerdings den Eindruck bekommen, dass dieses Wunder häufig geschieht. Wenn z. B. Ehepaare nach vielen Jahrzehnten zurückblicken und zufrieden feststellen: „Wir haben immer eine gute Ehe geführt. Streit gab es bei uns eigentlich nie." In einigen Fällen mag das zutreffen. In anderen Fällen kommt die Aussage aber sicher durch den verklärenden Glanz der Erinnerung zustande. Jeder Mensch neigt dazu, sich an das zu erinnern, was am besten zu seiner gegenwärtigen Einstellung passt. Besonders Verstorbene werden verklärt, um dadurch vielleicht den schmerzenden Verlust zu lindern. Vielleicht entsteht diese Verklärung auch aus Schuldgefühlen: Man will doch nicht schlecht über den Verstorbenen reden und man bereut auch, sich so oft über ihn geärgert und ihn geringschätzig behandelt zu haben.

Manche Ehen scheinen nur deshalb so gut und problemlos zu sein, weil die Rollen für immer festgelegt sind und keiner von beiden eine Auseinandersetzung zulässt. Man spricht einfach nicht darüber, wenn es Probleme gibt. Und man fügt sich mit einer guten Portion Resignation in seine Rolle. Hauptsache: Friede. Aber ist das wirklicher Friede? Eine erstklassige Ehe hat ihren Preis. Sie ist eine große Aufgabe für beide Partner, die nicht nebenher erledigt werden kann.

Krisenzeiten können Chancen sein, sich neu an diese Aufgabe zu wagen. Eine Krankheit unterbricht die eingeschliffenen Abläufe des Alltags. Möglicherweise stehen notwendige Änderungen der Lebensweise nach einer Krankheitszeit an. Es kann nicht so weitergehen wie bisher. Wie wäre es jetzt mit einer Bilanz des bisherigen Lebens? Und worauf wollen Sie in Zukunft besonders Wert legen? Wenn das Thema „Weiterkommen in der Partnerschaft" bisher Zweitrangigkeit hatte – soll es so bleiben?

*Die Ehe bedeutet für die Liebe das, was der Herd für das Feuer ist.*

Walter Trobisch

Es ist etwas Wahres an dem jüdischen Sprichwort. Die erste Klasse im „Ehezug" kann ganz schön teuer werden. Wie wichtig ist es da, verheiratet zu sein. Jeder Student kann die Ausbildung abbrechen, wenn sie ihm zu schwer wird. In der Hochschule des Ehelebens geht das nicht. Da wird studiert, „bis der Tod uns scheidet". Davonlaufen kommt in den Vertragsbedingungen nicht vor.

So hart das werden mag, so tief und reich kann die Ehe dadurch auch werden. Nichts verbindet so stark wie durchgestandene Krisen. Wer ausweicht, kann sich dadurch um die wertvollsten Erfahrungen bringen.

*Jesus sagte: „Lest ihr denn die Heiligen Schriften nicht? da heißt es doch, dass Gott am Anfang Mann und Frau schuf und sagte: ‚Ein Mann verlässt seine Eltern und verbindet sich so eng mit seiner Frau, dass die beiden eins sind mit Leib und Seele.' Sie werden also eins sein und nicht länger zwei voneinander getrennte Menschen. Was aber Gott zusammengefügt hat, darf der Mensch nicht trennen."*

*Matthäus 19,4-6*

# Geschenkt ist geschenkt

Das griechische Wort für „Gnade" *(charis)* ist ganz nah mit dem Wort für „Freude" *(chara)* verwandt. Im Lateinischen heißt „Gnade" *gratia*. Das bedeutet unter anderem auch „Anmut". Unser Wort „Grazie" ist davon abgeleitet.

Im Johannesevangelium ist zu lesen: „Aus seiner Fülle haben wir alle Gnade um Gnade genommen." Gemeint ist Jesus Christus. Bei ihm ist also die große „Fülle der Gnade", wie ein unerschöpflicher Topf. Aus ihm werden die kleinen Portionen für das tägliche Leben genommen. Die Frage ist, ob und wie uns das gelingt.

Mit einem anderen Bild: Der Christ verfügt über ein unglaublich großes Konto, aber im Alltag wirkt sich das erst aus, wenn von diesem Konto etwas abgehoben wird. Die großen Scheine der Gnade müssen in kleine klingende Münzen umgewechselt werden. Sonst haben wir nicht viel davon.

Unsere Taufe ist so etwas. Wie eine göttliche Kreditkarte dürfen wir sie sehen. Gott sagt uns in der Taufe zu: „Ich bin ganz und gar für dich. Und du darfst so zu mir gehören wie ein Kind zu seiner Familie. Das ist versprochen – das darfst du für bare Münze nehmen. Und das hat zur Folge, dass du auf meine Kosten leben darfst. Ich komme für dich auf."

Viele Menschen leben so, als wäre dieses große Ehrenwort Gottes völlig ohne Wert für sie. Manche denken erst wieder daran, wenn sie in eine besondere Notlage geraten sind. Aber auch dann ziehen sie es vor, auf die Benutzung ihrer himmlischen Kreditkarte zu verzichten. Eventuell mit der tapferen Begründung: „Ich habe nicht nach Gott gefragt, als es mir gut ging, da fände ich es auch nicht in Ordnung, jetzt, wo es mir schlecht geht, ihn um Hilfe zu bitten." Sie spüren zu Recht, dass ein solches Verhalten etwas Beschämendes hätte.

> *Gott ist so reich; seine größte Freude ist, zu schenken.*
>
> Watchman Nee

Tapfer ist das schon, aber nicht klug. Denn Gott zieht ein Versprechen, das er einmal gegeben hat, nicht zurück. Getauft ist getauft. Geschenkt ist geschenkt. So ist es mit der Gnade: Gott will für alle Menschen da sein, ohne Vorbedingungen. Gott will, dass unser Leben reich wird. Jesus hat von den Menschen gesagt, die sich ihm anvertrauen: „Ich bin gekommen, dass sie das Leben haben, Leben im Überfluss."

Gott liebt uns nicht platonisch, sondern ganz konkret. Im Alltag will er für uns da sein. Deshalb dürfen wir sagen: „Heute brauche ich diese Gnade. Heute bitte ich ihn um seine Hilfe." Egal, ob es sich um große oder kleine Dinge handelt – Gott nimmt uns ernst und will uns schenken, was wir brauchen.

Freude, Anmut, Farbe soll in unser Leben kommen. Zu einem ausdrucksvollen Bild gehören durchaus nicht nur freundliche und angenehme Farben. Das Dunkle hat da auch seinen Platz. Das ist natürlich leicht gesagt. Aber wenn Gott uns wirklich liebt und uneingeschränkt für das Leben ist, dann dürfen wir auch vertrauen, dass er sogar das ganz Dunkle in sein gutes Bild von unserem Leben einfügt.

*Der Herr ist mein Hirte. Nichts wird mir fehlen. Er weidet mich auf saftigen Wiesen und führt mich zu frischen Quellen. Er gibt mir neue Kraft. Er leitet mich auf sicheren Wegen, weil er der gute Hirte ist. Und geht es auch durch dunkle Täler, fürchte ich mich nicht, denn du, Herr, bist bei mir. Du beschützt mich mit deinem Hirtenstab. Du lädst mich ein und deckst mir den Tisch vor den Augen meiner Feinde. Du begrüßt mich wie ein Hausherr seinen Gast und gibst mir mehr als genug. Deine Güte und Liebe werden mich begleiten mein Leben lang; in deinem Haus darf ich für immer bleiben.*

*Psalm 23*

# *Die Hilfe ist versprochen*

„Ist ein Mann in’ Brunn’ gefallen, wär’ er fast ertrunken…“ Es kommt im wirklichen Leben oft vor, wovon das Kinderlied singt. Man rutscht in ein Loch und findet nicht mehr heraus: Durch eigene Schuld, durch unglückliche Umstände, durch seelische Erkrankungen.

„Unbeirrt habe ich auf den Herrn gehofft, auf seine Hilfe habe ich gewartet. Er hat mein Schreien gehört und mir geholfen.“ So beginnt ein Psalm, den König David gedichtet hat. Obwohl er eine außergewöhnlich begabte Persönlichkeit war und wunderbare Erfahrungen mit Gott machte, geriet er durch eigene Schuld, aber auch durch die Bosheit anderer in manche tiefen Krisen. Es gab Ereignisse in seinem Leben, die von ihm alles abforderten. Nicht zuletzt Menschen aus der eigenen Familie trugen dazu bei.

Gott hat solch ein großes Interesse daran, uns zu helfen, dass er mitunter einfach zugreift und einen Menschen am Kragen packt, ohne danach zu fragen, ob er es will oder nicht, einfach weil es jetzt nötig ist. Wie bei dem kleinen Mädchen, das sich über einen Wassertrog beugte, das Gleichgewicht verlor und kopfüber hineinkippte. Natürlich packte die Mutter

***Das Höchste, was ein Mensch vermag, ist, dass er sich von Gott helfen lassen kann. Gott dringend nötig zu haben, ist des Menschen höchste Vollkommenheit.***

SÖREN KIERKEGAARD

reflexartig zu und stellte es auf die Beine. So ein überraschendes Zupacken Gottes in der Not haben schon manche erlebt. Sie baten ihn nicht darum. Gott griff von sich aus einfach ein, weil sie es bitternötig hatten. Sie konnten von Glück sagen.

Aber das sind doch eher spezielle Rettungsunternehmungen Gottes. Denn das steht fest: Er achtet unsere Würde und unseren Willen. Er bietet uns Befreiung an, aber er zwingt sie uns nicht auf – das wäre ja auch ein Widerspruch in sich selbst. In der Regel reagiert Gott auf unser Rufen, wenn er uns hilft. Er kommt uns zwar entgegen und ist ganz und gar zur Hilfe bereit, aber er fragt auch danach, was wir wollen.

„Unbeirrt habe ich auf den Herrn gehofft, auf seine Hilfe habe ich gewartet. Er hat mein Schreien gehört." So ist das: Wer nicht zu stolz ist, ernsthaft „Steh mir bei, Gott!" zu rufen, dem hilft Gott auch. Bedingungen lässt Gott sich dabei allerdings nicht stellen. Oft haben wir ja unsere genauen Vorstellungen davon, was Gott uns geben soll. Wenn Gott uns die Wünsche nicht erfüllt, gibt es keinen Grund, ihm böse zu sein. Dass er hilft, ist versprochen. Wie er hilft, ist seine Sache.

Wenn Rettungsschwimmer Ertrinkende bergen, haben sie es mit denen am schwersten, die sich noch selbst helfen wollen. Wenn wir in ein Loch geraten und Gott um seine Hilfe bitten, tun wir gut daran, ihn die Art und Weise des Eingreifens bestimmen zu lassen.

*Voll Zuversicht hoffte ich auf den Herrn, und er wandte sich mir zu und hörte meinen Hilfeschrei. Ich war in eine verzweifelte Lage geraten – wie jemand, der bis zum Hals in einer Grube voll Schlamm und Kot steckt! Aber er hat mich herausgezogen und auf festen Boden gestellt. Jetzt haben meine Füße wieder sicheren Halt. Er gab mir ein neues Lied in meinen Mund, einen Lobgesang für unseren Gott. Das werden viele Leute hören, sie werden den Herrn wieder achten und ihm vertrauen. Glücklich ist, wer sein Vertrauen auf den Herrn setzt!*

*Psalm 40,2-5a*

# *Nur von innen schön*

Alte Kirchen haben oft so wundervolle Fenster. Aber sie sind nur von innen schön, besonders wenn das Licht der Sonne sie durchflutet. Von außen wirken diese Kirchenfenster völlig unscheinbar. Ähnlich ist es mit dem christlichen Glauben: Richtig schön ist er nur von innen. Wer seine bunte Vielfalt entdecken und den Reichtum des Evangeliums begreifen will, muss ein „Insider" des christlichen Glaubens werden. Die Tür ist offen. Der Eintritt ist frei. Aber wie kommt man hinein?

Die Bibel sagt: Indem wir uns Jesus Christus anvertrauen. In ihm ist Gott selbst zu den Menschen gekommen. In ihm ist er bei uns, heute, im Heiligen Geist lebendig gegenwärtig, ganz persönlich. Man tritt zu einer Person in Beziehung, wenn man sie anredet und anhört. So zu Jesus in Beziehung zu treten, ist beten. Was sagt er mir? Und wenn ich sein Kreuz anschaue: Was bedeutet mir das? Wenn ich in der Bibel über ihn lese, wenn ich Andachten und Predigten höre: Wer ist das denn? Was wird da über ihn gesagt? Was hat er selbst gesagt? Was will er mir geben? So wird einer zum „Insider“ des christlichen Glaubens: Indem er sich mit Jesus Christus beschäftigt und sich persönlich an ihn wendet.

*Gewiss, der Glaube ist eine gewaltige, tief greifende, erschütternde und tragende Wirklichkeit. Aber alles Große, was über ihn ausgesagt werden kann, lebt und wirkt auf unscheinbare Weise.*

Hans Bürki

Dazu braucht man Zeit. Vielleicht wird Ihnen die Zeit im Krankenhaus oder daheim gerade sehr lang. Wie können Sie das Beste daraus machen? Ein Vorschlag: Suchen Sie nach der offenen Tür des christlichen Glaubens. Werden Sie „Insider“. Treten Sie in Beziehung zu Jesus Christus. Wagen Sie das Gebet und lesen Sie im Neuen Testament.

Es gibt so viele Menschen, die zur Kirche gehören und denen das auch irgendwie wichtig ist. Sie haben irgendwo eine Bibel und wissen doch nur wenig von ihrem Inhalt. Deswegen können sie sich auch nicht recht ihres Glaubens freuen.

Die Hälfte der Deutschen glaubt an Wunder, hat man in einer Umfrage festgestellt. Aber wer ist bereit, die wunderbaren Geschichten von Jesus nur einmal ernsthaft zu betrachten? Wenn das nicht geschieht, bleibt die Wunderwelt des Glaubens grau, fremd und langweilig wie die Scheiben eines Kirchenfensters von außen. Wer sich aber an Jesus wendet und zu ihm Vertrauen fasst, dem geht die Schönheit des Glaubens auf. Die Bibel wird für ihn neu lebendig.

„Kommt und seht“, wird am Anfang des Johannesevangeliums Leuten gesagt, die sich für Jesus interessieren. Aus ihnen werden die ersten Jünger. Komm und sieh! Die Tür ist offen.

*Ich bitte Gott, dass er euch aus seinem unerschöpflichen Reichtum Kraft schenkt, damit ihr durch seinen Geist innerlich stark werdet und Christus durch den Glauben in euch lebt. In seiner Liebe sollt ihr fest verwurzelt sein; auf sie sollt ihr bauen. Denn nur so könnt ihr mit allen anderen Christen das ganze Ausmaß dieser Liebe erfahren, die wir doch mit unserem Verstand niemals fassen können. Dann wird diese göttliche Liebe euch immer mehr erfüllen.*

*Epheser 3,16-19*

# Durst nach neuem Leben

Vor allem in den Mittelmeerländern sind sie zu bewundern: Die alten kunstvoll gemauerten Wasserleitungen der Römer, die Aquädukte. Es sind Museumsstücke. Da fließt kein Wasser mehr. Von vielen Menschen wird auch die Kirche so angesehen: Ein überholtes Modell, zwar interessant anzusehen, aber für den heutigen Menschen nicht mehr zu gebrauchen. Selbst viele Christen glauben, dass Gott die alten Formen und Traditionen kaum noch benutzen wolle.

Die Zeiten ändern sich. Und so entstehen auch ständig neue Formen und Traditionen unter Christen. Aber Gottes Art ist es nicht, wie ein Modeschöpfer dauernd Altes auszurangieren und Neues einzuführen. Wo Gutes, Gewachsenes ist, da lässt er es leben oder belebt es neu, wie den alten Baum, der beschnitten werden muss, um wieder volle Frucht zu tragen.

Trotzdem gleicht die Kirche in vielem einem alten Aquädukt. Man denke nur an manch großartiges Kirchengebäude, in dem die kleine Schar der Anbetenden wie verloren wirkt. Man denke nur an die Lustlosigkeit so mancher Mitarbeiter. Liegt das an den alten Formen? Zum Teil schon. Auch da ist manches erneuerungsbedürftig. Aber wohl noch mehr liegt es daran, dass die Kirchen zu wenig ihrem wahren Zweck entsprechen. Die alten Aquädukte geben kein Wasser mehr. Gott stellt uns das Wasser des Lebens umsonst zur Verfügung, aber leiten wir es ein in die alten Formen? Geht es uns darum, wieder mit den frischen Quellen des Glaubens verbunden zu sein? Oder tragen wir selbst dazu bei, dass aus der Kirche ein Museum geworden ist?

Jesus hat denen, die ihm vertrauen, zugesagt: „Wer an mich glaubt, wird erfahren, was die Heilige Schrift sagt: Wie ein Strom wird lebenschaffendes Wasser von ihm ausgehen.“ Nicht durch unsere Aktivitäten kommt neues Leben in die Kirche, sondern durch die Erneuerung unseres Glaubens an Jesus Christus. Eine neue Hinwendung zu ihm bringt uns zur Quelle.

***Eine Kirche,***
***die nicht loslassen kann,***
***wird auch nichts Neues***
***anfangen können.***
***Eine Kirche,***
***die nicht festhalten kann,***
***wird bald mit leeren***
***Händen dastehen.***

HELMUT CLASS

Das gilt für die Kirche als Ganze wie auch für das Leben des Einzelnen. Die alte Bibel im Schrank, der Konfirmationsspruch wollen mehr als Museumsstücke sein. Der schönste Becher richtet nichts aus gegen den Durst, wenn er leer bleibt. Halten wir diesen leeren Becher Jesus hin, er will ihn uns füllen!

*Wer von dem Wasser trinkt, das ich ihm gebe, der wird nie wieder Durst bekommen. Dieses Wasser wird in ihm zu einer Quelle, die bis ins ewige Leben hinein fließt.*

*Johannes 4,14*

# *In keiner Einsamkeit allein*

Ein einzelnes Streichholz ist sehr zerbrechlich. Mehrere Streichhölzer beieinander lassen sich viel schwerer knicken. Aber noch wesentlich stabiler wird das Hölzchen, wenn es an einen Stock festgebunden ist.

Der Mensch ist nicht für die Einsamkeit geschaffen: Gemeinsam sind wir stark. Es gibt zwar Menschen, die sich bei zu viel mitmenschlicher Nähe nicht mehr wohlfühlen. Aber das hat sein Maß. Auch sie können nicht ohne gute Beziehungen zu anderen existieren.

Der eine braucht weniger Gemeinschaft, der andere mehr. Wer mehr braucht, muss sich vorsehen, nicht abhängig von der Nähe anderer zu werden. Dann klebt man an ihnen und kann sie nicht loslassen. Und man erntet gerade dadurch, was man vermeiden wollte: Einsamkeit. Weil man die anderen zu sehr in Beschlag nimmt. Und das tut auch einer Gemeinschaft nicht gut. Aber das steht für alle fest: Jeder braucht die Gemeinschaft; sonst ist er zu zerbrechlich.

Manche sind von Menschen so enttäuscht, dass sie nur noch die Treue ihres Hundes loben können. Es gibt zwar Enttäuschungen, die einem Menschen wirklich das Gefühl geben, von aller Welt verlassen zu sein. Dann zu wissen, dass Gott in Treue zu uns steht, ist ein großer Trost.

Einsam müssen wir bleiben, wo wir einfach allein sind mit unserem Schmerz, wo uns niemand verstehen kann, weil ja niemand in unserer Haut steckt – außer Gott. Das ist alles schon ein Stück vorweggenommenes

Sterben. Da wird die kindliche Vorstellung einer heilen Welt zerstört. Es ist gut, wenn wir diese Einsamkeiten mit Gottes Hilfe annehmen lernen. Wir brauchen ihn dazu. Und in unserer letzten Einsamkeit, dem Weg aus dieser Welt hinaus, brauchen wir Gott erst recht. Da will er uns sein wie ein unzerbrechlicher Stab.

*Mir sind die Sterne verblichen, seit mir in Jesus Christus die Sonne aufgegangen ist.*

KLEMENS VON ALEXANDRIEN

Durch den Glauben an Jesus Christus kann uns nichts von Gottes Liebe trennen. Glaube bedeutet: Ich binde mich ganz eng an Jesus Christus, um ganz und für immer und in jeder Einsamkeit mit ihm verbunden zu sein.

*Wenn Gott für uns ist, wer kann dann gegen uns sein? Gott, der für uns seinen eigenen Sohn geopfert hat, sollte er uns noch etwas vorenthalten? Was also könnte uns von Christus und seiner Liebe trennen? Leiden und Angst vielleicht? Verfolgung? Hunger? Armut? Gefahr oder gewaltsamer Tod? Wir werden über das alles triumphieren, weil Christus uns so geliebt hat.*

*Römer 8,31-32.35.37*

# *Durch den Horizont sehen*

Fern irgendwo im Urwald, jenseits aller Zivilisation, lebte ein Missionar, der versuchte, Teile der Bibel in die Sprache der Eingeborenen zu übersetzen. Mühsam erarbeitete er sich ihren Wortschatz. Als er gerade nach einer Entsprechung für den biblischen Begriff „Hoffnung“ suchte und ihm das passende Wort nicht einfallen wollte, geschah etwas Furchtbares: Sein Kind starb. Die Bewohner des Dorfes sahen zu, wie er selbst den Sarg zimmerte. Sie beobachteten ihn genau. Wie trauerten diese weißen Menschen mit dem fremden Glauben? Nach einer Weile sagte einer: „Ihr Christen, ihr könnt durch den Horizont sehen.“ Der Missionar hielt inne: Er hatte das gesuchte Wort gefunden.

Ohne Hoffnung ist kein Leben möglich. Wenn schon gesagt wurde, der Mensch sei hoffnungslos religiös, so kann man mit Fug und Recht auch sagen: Der Mensch ist hoffnungslos hoffnungsvoll.

Vom Leben Enttäuschte scheinen ihre Hoffnungen begraben zu haben. „Ich kenne die Menschen“, sagen sie bitter. Aber wieviel Sehnsucht schwingt selbst da noch mit! Sie hoffen trotz allem, dass es doch nicht so sein möchte. Sie wünschen sich ja nichts mehr, als echte Menschlichkeit zu erfahren.

Wenn einer den Tod wählt, scheint er alle Hoffnung aufgegeben zu haben. Doch in Wirklichkeit hofft auch er: Dass der Tod ihm endlich die ersehnte Ruhe bringen möge. Möglicherweise will er gar nicht sterben, sondern unternimmt mit dem Suizid nur einen letzten verzweifelten Versuch, doch noch etwas zu ändern – in der Hoffnung, seinen unerträglichen Zustand zu überwinden.

Woher nahm der Missionar seine Hoffnung? Er konnte durch den Horizont schauen, weil selbst angesichts des Todes für ihn die Auferstehung Jesu eine Wirklichkeit war. Enttäuschungen können den Horizont sehr eingrenzen. Wir sehen nichts anderes mehr als das Dunkle. Aber gibt es wirklich nicht noch mehr?

***Die Hoffnung der Zukunft ist die Kraft der Gegenwart.***

FRITZ RIENECKER

Eine Patientin hatte gerade erst ihren Mann verloren und war völlig verzweifelt. Sie machte sich Vorwürfe, weil sie glaubte, nicht alles für ihn unternommen zu haben. Doch dann erinnerte sie sich an die glückliche Zeit mit ihrem Mann und erzählte davon. So kam ihr schließlich der Gedanke, dass er ihr sicher keine Vorwürfe machen würde. Das war ein neuer Ansatz für die Hoffnung: dankbare Erinnerung. Jetzt weitete sich der Horizont wieder.

„Durch den Horizont schauen" bedeutet, den Durchblick zu haben. Selbst angesichts des Todes Trost in der Auferstehung Jesu zu finden, der den Seinen verheißen hat, dass sie mit ihm leben werden.

*Darum geben wir auch nicht auf. Freilich gehen diese Strapazen nicht spurlos an mir vorüber. Wenn auch meine körperlichen Kräfte nachlassen, wird doch das*

*Leben, das Gott mir schenkt, von Tag zu Tag erneuert. Was wir jetzt leiden müssen, dauert nicht lange und ist leicht zu ertragen, wenn wir bedenken, welch unendliche, unvorstellbare Herrlichkeit uns erwartet. Deshalb lassen wir uns von dem, was uns zur Zeit so sichtbar bedrängt, nicht ablenken, sondern wir richten unseren Blick auf Gottes neue Welt, auch wenn sie noch unsichtbar ist. Denn das Sichtbare vergeht, doch das Unsichtbare bleibt ewig.*

*2. Korinther 4,16-18*

# *Umkehr zur Geborgenheit*

Durch die Elendsviertel von São Paulo führte eine Benzinleitung. Ein Polizist bemerkte, dass sie an einer Stelle undicht war. Es galt, keine Zeit zu verlieren. Er rannte schreiend durch die Gassen: „Schnell weglaufen! Lebensgefahr!“ Niemand reagierte. Sie hielten ihn wohl für einen Verrückten. Außerdem regnete es. Plötzlich entzündete sich das Benzin, und es kam zu einer gewaltigen Explosion. 70 Menschen starben, mehr als 200 wurden verletzt.

Wir werden gewarnt, aber wir hören nicht darauf. Manche Krankheitsgeschichte hat darin ihren Hintergrund, dass wir den Kopf in den Sand gesteckt und gedacht haben: Alles halb so schlimm.

Die Bibel spricht viel von Umkehr, weil die Menschen das nötig haben. Auch Jesus rief den Leuten zu: „Kehrt um und glaubt an das Evangelium!" Wie soll das aber zusammenpassen: Buße und Evangelium? Denn Evangelium bedeutet „frohe Botschaft", „gute Nachricht"!

Das sind nur dann Gegensätze, wenn das Wort „Buße" falsch verstanden wird. „Buße" ist aus der Mode gekommen. Ein „Büßer" in unserer Vorstellung ist ein gedrückter Mensch, einer, der sich gerade nicht über eine gute Nachricht freut. Als würde da mit der Hölle gedroht, um Menschen für Christus zu gewinnen. Jesus drohte aber nicht *mit* der Hölle, sondern er sprach zu Menschen, die *von* der Hölle bedroht waren. Jesus sah ihren wahren Zustand, ihre Nöte blieben ihm nicht verborgen. Das Leben kann zur Hölle werden – dies geschieht öfter, als es äußerlich scheint. Die Hölle in und um uns – das ist es, was uns im Tiefsten Angst macht. Diese Angst, diese Bedrohung sah Jesus – und das war der Grund für seinen Ruf zur Umkehr. Wer etwas davon spürt, darf sich angesprochen wissen: In dieser Angst musst du nicht allein bleiben. Es gibt eine Schutzzone für dich, ein Zuhause, wo du völlig sicher sein kannst. Es gibt einen, der dir helfen kann und dem nichts unmöglich ist.

*Gerade wenn wir uns am sichersten fühlen, sollten wir am vorsichtigsten sein.*

CHARLES HADDON SPURGEON

In einer Krankheit kann es überdeutlich werden, dass unser Leben am seidenen Faden hängt. Was haben wir davon, wenn wir diese Tatsache verdrängen? Die Bibel will uns nicht Angst machen. Sie spricht aber sehr offen von der Angst, die wir – zu Recht – tatsächlich haben. Wer sich jedoch die Angst eingesteht, der darf getrost in Gottes Arme fliehen: Ich bin bei dir in der Angst. Bei mir findest du Hilfe, Schutz und Trost.

*Hab keine Angst, denn ich habe dich erlöst. Ich habe dich bei deinem Namen gerufen, du gehörst zu mir. Wenn du durch tiefes Wasser oder reißende Ströme gehen musst – ich bin bei dir, du wirst nicht ertrinken. Und wenn du ins Feuer gerätst, bleibst du unversehrt. Keine Flamme wird dich verbrennen. Denn ich, der Herr, bin dein Gott.*

*Jesaja 43, 1b – 3a*

# *Tun, was selbstverständlich ist*

Wenn man jemanden beschenkt, entfernt man vorher den Preis. Der Beschenkte soll sich ungetrübt darüber freuen und nicht beschämt werden. Das steht im Vordergrund: Freude zu bereiten, nicht als großzügiger Spender zu erscheinen.

Jesus kündigte im Blick auf das letzte Gericht an, dass er zu bestimmten Menschen sagen wird: „Ihr habt mir durch eure Liebe zu den Notleidenden gedient." Diese werden dann antworten: „Herr, wann denn eigentlich? Wir wissen es nicht." Anderen wird er sagen: „Ihr habt mir nicht gedient. Wenn ich in Not war, habt ihr mich im Stich gelassen." Sie werden dasselbe antworten. Der Unterschied: Die einen werden Jesus wirklich gedient haben, aber es war für sie eine Selbstverständlichkeit. Die anderen werden sich für ehrenwerte Menschen halten, ohne aber tatsächlich nach Gottes Willen gelebt zu haben. Ein anderes Mal sagte Jesus, dass ein Knecht mit seiner Aufwartung für den Herrn nicht angeben kann; ein solches Verhalten versteht sich von selbst. Und er empfahl den Christen eine entsprechende Einstellung Gott gegenüber.

> ***Es ist Gottes Werk, uns menschlich zu machen, so dass wir jeden Tag mit ihm gehen auf Pfaden, die höchst alltäglich erscheinen.***
>
> ROY HESSION

Wenn wir also im Namen Jesu Christi anderen Gutes tun, dann tun wir nichts Besonderes; wir können uns dessen nicht rühmen. Es gibt viele Leute, die sich mit großem Engagement für Menschen einsetzen und dennoch keine Christen sind.

Jesus hat das Gleichnis vom Barmherzigen Samariter erzählt, um zu zeigen, was Gott sich unter Nächstenliebe vorstellt. „Mach's genauso“, war seine Schlussfolgerung – „und du tust Gottes Willen.“ Der Samariter, der sich um den unter die Räuber Gefallenen kümmert, hebt sich nur dadurch von denen ab, die wegsehen, dass er tut, was selbstverständlich ist.

Auf einem Poster ist ein Indianermädchen zu sehen, das seinen kleinen Bruder auf dem Rücken trägt. Im Text darunter ist zu lesen: „Du trägst aber eine schwere Last.“ Die Antwort: „Ich trage doch keine Last – ich trage meinen Bruder!“

In Krankenhäusern und Altersheimen gibt es viele Menschen, die mit dieser Einstellung ihre Arbeit tun. Zum Angeben ist das nichts, aber doch zum Danken. Natürlich freuen sie sich, wenn sie den Dank von Patienten und Angehörigen auch spüren. Aber viele von ihnen haben noch eine andere Freude, die ihnen weitaus mehr bedeutet: Sie wissen, in Jesus Christus einen überaus menschlichen Gott zu haben. Und es ist ihr größter Wunsch, dass ihr Verhalten trotz aller Unvollkommenheit für die Menschen, die sie behandeln, pflegen, besuchen und beraten, ein glaubwürdiger Hinweis auf Gottes Menschlichkeit wird.

*Das will ich euch sagen. Was ihr für einen meiner geringsten Brüder getan habt, das habt ihr für mich getan!* *Matthäus 25,40b*

# *Die Liebe ist größer*

> *Ich glaube,*
> *dass auch unsere Fehler*
> *und Irrtümer*
> *nicht vergeblich sind,*
> *und dass es Gott nicht*
> *schwerer ist, mit ihnen*
> *fertig zu werden*
> *als mit unseren*
> *vermeintlichen Guttaten.*
>
> Dietrich Bonhoeffer

Ein einzelnes Zündholz kann man leicht auslöschen. Aber wenn das Feuer erst einmal brennt und man noch hineinbläst, dann wird es erst richtig entfacht.

Viele würden gern mit persönlichen Eigenschaften, die ihnen und vielleicht auch anderen Schwierigkeiten machen, fertig werden. Oft sind es unsere Leidenschaften, die uns Leiden schaffen. Wir wollen dagegen angehen, sind aber zu schwach. Die Leidenschaft nimmt nicht ab, sie wird nur noch größer.

Dies ist das ganze Drama der Süchte: Der eigene Wille ist zu schwach, um gegen die Kraft der Sucht zu bestehen. Der Abhängige will es nicht wahrhaben und stemmt sich mit aller Macht dagegen – aber die Sucht wird nur noch stärker. Als würde man in ein Feuer blasen.

Das sind Zwickmühlen, die uns zu schaffen machen. Häufig haben sie damit zu tun, dass wir bestimmte Bereiche unterdrücken und totzukriegen versuchen, sie auf keinen Fall akzeptieren wollen. „Das darf auf keinen Fall sein“, denken wir. „Damit mache ich mich doch völlig unmöglich!“ Stimmt das aber wirklich?

Gott nimmt uns an, wie wir sind: Mit unseren Licht- und Schattenseiten. Ja, wir dürfen auch unsere dunklen, schwachen Seiten haben. Sie gehören genauso zu unserer Persönlichkeit wie die „Schokoladenseiten". Unsere schwachen Seiten sind durchaus nicht immer etwas Negatives. Und was wir so gern sehen lassen, ist bestimmt nicht immer nur positiv. Uns fällt es schwer, uns so anzunehmen, wie wir sind. Gott fällt es nicht schwer – weil er uns grenzenlos liebt.

Diese Liebe Gottes zu uns Menschen ist das Feuer, das in allen Christen durch die Jahrhunderte brennt. Sehr oft schon wurde das Christentum totgesagt – schlimmer noch: Es wurde versucht, das Feuer gewaltsam zu löschen. Aber jede Kraft der Welt dazu ist zu klein. Das Feuer der Liebe Gottes bei denen, die glauben, ist größer. Deshalb wurde die Flamme immer nur angefacht, wo man versuchte, sie auszulöschen.

Wer mit seinen dunklen Seiten nicht fertig wird, kann nichts Besseres tun, als sich viel damit zu beschäftigen, wie sehr er von Gott geliebt ist. Dann wird er auch lernen, sich selber anzunehmen.

*Gottes Liebe zu uns ist für alle sichtbar geworden, als er seinen einzigen Sohn in die Welt sandte, damit wir durch Christus ein neues und ewiges Leben bekommen. Das Einzigartige an dieser Liebe ist: Nicht wir haben Gott geliebt, sondern er hat uns seine Liebe geschenkt. Er gab uns seinen Sohn, der alle Schuld auf sich nahm, um uns von unserer Schuld freizusprechen.*

*1. Johannes 4,9-10*

# *Nicht dressiert, aber erzogen*

Die armen Pferde!“ Dieses Urteil über die Kunst des Dressurreitens haben Sie bestimmt schon gehört. Wenn aber ein Dressurreiter mit Zwang sein Ziel erreichen will, gehört er nicht zu den echten Könnern. So etwas entgeht dem Auge eines guten Turnierrichters nicht. Er merkt: Dem Paar auf dem Dressurviereck fehlt etwas Entscheidendes: Harmonie. Das Pferd tut mechanisch, was es soll, aber aus Angst und ohne Eleganz. Was ist zu tun?

> ***Es ist als das entscheidende Werk des Heiligen Geistes zu rühmen, dass er die Menschwerdung des Menschen ermöglicht und fördert.***
>
> WILHELM STÄHLIN

Um zu einer guten Dressur zu gelangen, muss der Reiter zuerst das Vertrauen des Pferdes gewinnen. Respekt braucht ein Pferd allerdings auch: Es muss wissen, wo seine Grenzen sind. Aber Respekt ist die Art von Furcht, die dem Vertrauen nicht entgegensteht, sondern ihm sogar dient. In Vertrauen und Respekt entfaltet das Pferd mit dem Reiter, was in ihm steckt. Meisterhafte Dressur hat nichts künstlich Anerzogenes. Da werden vielmehr die Bewegungsabläufe gezeigt, die das Pferd von Natur aus schon in sich trägt. Aber nun sind sie trainiert und veredelt und in den Dienst der Reitkunst gestellt. Um das zu erreichen, muss das Pferd ganz „durchlässig“ werden, wie die Reiter sagen. Das heißt: Die Einwirkung des

Reiters darf nicht durch die Angst des Pferdes blockiert sein. Es soll nicht wie eine Maschine funktionieren, sondern losgelassen, aufmerksam und vertrauensvoll mit dem Reiter zusammenwirken.

Vieles von der Beziehung Reiter-Pferd lässt sich auf die Beziehung Gott-Mensch übertragen. Mit einer wesentlichen Ausnahme: Wir werden von Gott nicht dressiert. Dazu achtet er uns viel zu hoch. Wir werden von Gott nicht dressiert, aber erzogen.

Weit verbreitet und tief verwurzelt ist ein Zerrbild des christlichen Glaubens: Als gehe es da um einen Gott, der den Willen der Menschen brechen möchte. Respekt und Ehrfurcht werden mit bedrückender Angst verwechselt, Vertrauen wird durch willenlose Ergebenheit ersetzt. Leider gibt es solchen kranken Glauben tatsächlich. Aber er ist nicht normal. Denn christlicher Glaube im Sinne des Erfinders ist eine gesunde und heilsame Vertrauensbeziehung, zwar nicht ohne Respekt, aber auch nicht von der Angst bestimmt. Und der Sinn des erzieherischen Handelns Gottes besteht nicht darin, uns zu zerbrechen, sondern das Gute, das er in uns gelegt hat, erst recht zur Entfaltung zu bringen. Gott will uns die Kunst des Lebens lehren. Ohne seine Hilfe kommen wir nicht sehr weit.

*Gott ist Liebe, und wer in dieser Liebe bleibt, der bleibt in Gott und Gott in ihm. Das ganze Ausmaß der göttlichen Liebe zeigt sich darin, dass wir dem Tag des Gerichts ohne Angst entgegengehen können. Denn wir leben in dieser Welt so, wie Christus es will. Wirkliche Liebe ist frei von Angst. Ja, die Liebe vertreibt sogar die*

*Angst. Wer sich also fürchtet und vor der Strafe zittert, der beweist damit nur, dass er wirkliche Liebe noch nicht kennt. Wir wollen lieben, weil Gott uns zuerst geliebt hat.*

*1. Johannes 4,16b-19*

## *Den neuen Anfang wagen*

Jedes Schiff muss hin und wieder in das Trockendock. Der Farbanstrich ist schadhaft und alle möglichen Algen und Muscheln haben sich am Rumpf festgesetzt.

Ob wir auch so eine Generalüberholung brauchen? Man sollte jährlich einmal zum Zahnarzt gehen, und ein gelegentliche Untersuchung beim Hausarzt ist ebenfalls zu empfehlen. Wenn nichts vorliegt, geht man erleichtert weiter.

> ***Eine der Ursachen, durch die der Mensch viel Unheil über sich bringt, ist seine Unfähigkeit zur Stille.***
>
> Blaise Pascal

Viele übersehen die Warnsignale, die darauf hinweisen, dass es Zeit wäre, das Trockendock aufzusuchen: Sich von Belastungen zu befreien, die auf Dauer gefährlich für das Leben werden. Wer feststellen muss, dass es zu spät ist, wird sich bittere Vorwürfe machen. Wer vorbeugen will, halte Einkehr, um zu sich selbst zu kommen und um zu erspüren, wo die Gefährdungen liegen. Defizite müssen erkannt werden, um daran zu arbeiten und sich neu zu orientieren.

Einkehr kommt nicht von selbst; man muss sie suchen. Wer durch eine Krankheit still-gelegt ist, mag vielleicht eine günstige Gelegenheit dazu bekommen. Obwohl Stille im Krankenhaus oft gar nicht so still ist und manche Krankheit alle Konzentration zunichte machen kann. Trotzdem: Wenn nicht jetzt, wann dann? Und für die Zeit danach nehme ich mir fest vor: Ich muss Bilanz ziehen. Ich muss mein Leben neu ordnen. Ich muss? Ich will!

Eine große Hilfe zu dieser Selbstbesinnung kann die Bibel sein. Hellsichtig und unbestechlich liefert sie uns eine Diagnose. Wer sich ehrlich mit der Bibel auseinandersetzt, wer ihr seine Fragen stellt und sich von ihr in Frage stellen lässt – der findet zu einer gründlichen Erneuerung seines Lebens.

*Kommt alle her zu mir, die ihr euch abmüht und unter eurer Last leidet. Ich werde euch Frieden geben. Nehmt meine Herrschaft an und lebt darin. Lernt von mir. Ich komme nicht mit Gewalt und Überheblichkeit. Bei mir findet ihr, was euerm Leben Sinn und Ruhe gibt. Ich meine es gut mit euch und bürde euch keine unerträgliche Last auf.*

*Matthäus 11,28-30*

# *Geben und Nehmen*

Der Jordan fließt zuerst durch den See Genezareth und mündet dann ins Tote Meer. Der See Genezareth ist voller Leben. Das Tote Meer ist wirklich tot, es hat keinen Abfluss. Das frische Wasser des Jordans fließt zwar hinein, aber es verdunstet. Daher die Versalzung, die dem Leben keine Chance lässt.

Wenn das Leben in uns und durch uns blühen und gedeihen soll, dann braucht das Gute, das wir empfangen, auch wieder einen Ausfluss. Martin Luther schrieb einmal: „Alles, was wir haben, muss stehen im Dienst. Wenn es nicht im Dienst steht, dann steht's im Raub." Was wir bekommen, behält und entfaltet seine Qualität also nur, wenn wir es weitergeben. Für uns allein gehortet geht es kaputt. „Geben ist seliger als Nehmen", sagte Jesus. Das Geben bereitet mehr Freude, weil es uns nicht ärmer, sondern reicher macht. Im Weitergeben trägt das Empfangene Zinsen. Unsere Gaben sind dazu da, dass wir sie zum Einsatz bringen, und zwar so, dass auch andere etwas davon haben. So, dass wir sie in den Dienst stellen.

> *Es ist schön zu geben,*
> *aber auch schön zu*
> *empfangen,*
> *und am schönsten*
> *zu empfangen,*
> *um zu geben.*
>
> Eva von Tiele-Winckler

Wenn durch eine Krankheit der Bewegungsspielraum

stark eingeschränkt wird, wenn das eigene Schicksal einem ungerecht erscheint, dann liegt es nahe, sich mit denen zu vergleichen, denen es offensichtlich besser geht, und sich vom Neid bestimmen zu lassen. Aber in Wirklichkeit gibt es kaum einen Menschen, der nicht etwas empfängt, das er nicht auch weitergeben kann, selbst wenn er eingeengt leben muss. Viel wichtiger kann für andere das werden, was wir selbst geworden sind. Das offenbart sich in unserer Haltung den Mitmenschen gegenüber, im Mitgefühl, im Verständnis, in der Barmherzigkeit, in der Geduld.

Auch wenn es gesundheitlich ganz eng wird und die Schwäche überhand nimmt: Das Leben muss deswegen nicht zum Stillstand kommen. Es kann ganz neu in Fluss geraten. Wenn wir wieder sehen lernen, dass wir Empfangende sind, dann können wir erneut danken lernen, dann blüht das Leben wieder auf.

*Jeder soll dem anderen mit der Begabung dienen, die ihm Gott gegeben hat. Wenn ihr die vielen Gaben Gottes in dieser Weise gebraucht, verwaltet ihr sie richtig. Bist du dazu berufen, Gottes Wort auszulegen, dann soll Gott durch dich sprechen. Hat jemand in der Gemeinde die Aufgabe übernommen, anderen Menschen zu helfen, dann arbeite er in der Kraft, die Gott ihm gibt. So preisen wir Gott durch Jesus Christus mit allem, was wir sind und haben. Ihm allein gehören alle Ehre und alle Macht für immer und ewig. Das ist gewiss.*

*1. Petrus 4,10-11*

# *Trotzdem tiefer Friede*

Christen müssten erlöster aussehen, wenn er an ihren Erlöser glauben sollte, meinte Friedrich Nietzsche. Einerseits hatte er Recht, andererseits aber auch nicht. Denn das neue Leben in den Christen ist immer nur ein Anfang, und im Vergleich zu dem, was sie erwarten, nur ein sehr bescheidener. Der Apostel Paulus war der Überzeugung, dass es an den Christen selbst nichts zu rühmen gibt. Im Gegenteil: Jesus Christus soll in ihrem Leben groß werden, das ist das Entscheidende. Ansonsten wollte er sich lieber seiner Schwachheiten rühmen, weil er so besonders auf die Hilfe Gottes angewiesen blieb. Wo ich schwach bin, ist Gott mit seiner Kraft für mich da. Darauf kann ich stolz sein.

***Ein Mensch,***
***der wahre Gottesfurcht***
***im Herzen hat,***
***ist wie die Sonne,***
***die da scheinet und wärmt,***
***wenn sie auch nicht redet.***

Matthias Claudius

Es ist so, als befände sich ein überaus wertvoller Schmuck in einem völlig unscheinbaren Gefäß, überlegte der Apostel. Das Gefäß ist der Christ, in dem der Glaube lebt. Der ist gar nicht besser als andere, er kann vielleicht sogar eine ganz traurige Figur abgeben, die einen ziemlich unerlösten Eindruck macht. Aber trotzdem ist dieser besondere Schatz in ihm. Er ist nicht besser, aber er ist besser dran.

Nicht selten werden Patienten, die als Christen leben, von der Erfahrung geplagt, dass sie jetzt in ihrer Krankheit wie die anderen Zweifel haben, traurig sind und mit ihrem Schicksal hadern. Sie geben Nietzsche bereitwillig Recht: „Ja, ich müsste doch viel erlöster aussehen! Ich sollte doch ein Vorbild sein." Aber auf das Gefäß kommt es gar nicht so an, der Schatz allein ist wesentlich. Und der geht Christen ganz bestimmt nicht verloren. Denn diesen Schatz bewahrt ihnen Gott. Und bisweilen leuchtet er gerade dann, wenn das Gefäß Risse bekommt.

„Manchmal kann ich nicht mehr beten", sagt ein Patient traurig. Das ist ihm ein großer Schmerz. Aber in seinem Zimmer ist ein tiefer Friede zu spüren. Ob ihm das bewusst ist? Er ist ganz schwach, aber Gott ist da.

Was einmal sein wird, bahnt sich jetzt schon an. Es lässt sich erahnen. Aber so richtig greifen können wir es nicht. Das kommt erst noch, das Neue. Gottes Reich kommt.

*Denn so wie Gott einmal befahl: „Es werde Licht!", so hat er auch die Finsternis in uns durch sein helles Evangelium vertrieben. Durch uns sollen alle Menschen Gottes Herrlichkeit erkennen, die in Jesus Christus sichtbar wird. Diesen kostbaren Schatz tragen wir allerdings in einem zerbrechlichen Gefäß. Denn so wird jeder erkennen, dass die außerordentliche Kraft, die in uns wirkt, von Gott kommt und nicht von uns selbst. Denn obwohl uns die Schwierigkeiten von allen Seiten bedrängen, lassen wir uns nicht von ihnen überwältigen. Wir sind oft ratlos, aber nie verzweifelt.*

*2. Korinther 4,6-8*

# *Wie eine Mutter*

Erfahrene Ärzte können den Patienten bisweilen ansehen, was ihnen fehlt. Aber natürlich auch nicht immer. Vielfach muss ein langer Weg von der ersten Untersuchung bis zur endgültigen Diagnose gegangen werden.

Dann ist es wichtig, dass Arzt und Patient gut zusammenarbeiten. Für den Patienten bedeutet das unter anderem, dass er möglichst genau mitteilt, „wo es drückt". Kleine Kinder können das noch nicht. Laut schreiend rennen sie zur Mama. „Wo tut's denn weh?" „Da, am Bauch!" Obwohl der Schmerz vielleicht in den Ohren sitzt. Mütter erspüren noch besser als Ärzte, wo es tatsächlich fehlt.

In der Bibel wird uns zugesichert, dass Gott wie ein guter Arzt zu uns ist. Und wie eine gute Mutter! Gott weiß ganz genau, was uns fehlt. Wir brauchen nur zu ihm zu kommen, ohne viele Worte machen zu müssen.

> ***Gestern ist vorbei,***
> ***morgen ist noch nicht da,***
> ***und heute hilft der Herr.***
>
> HERMANN BEZZEL

Darin liegt das Entscheidende: Dass wir mit unseren Sorgen nicht allein bleiben, sondern sie Gott nennen. Es ist eine unsinnige Vorstellung, dass ein Mensch nur dann von Gott angenommen wird, wenn er versteht, sich anständig und fromm zu verhalten. „Ich kann nicht beten." Wirklich nicht? Ein kleines Kind kann vielleicht noch nicht sprechen, aber es kann nach der Mutter rufen. Und wenn es nur ein Wimmern ist – die Mutter hört es sofort.

Jeder darf sich Gott zuwenden, so wie er ist, mit Worten oder auch nur mit Seufzern. Denn Gott ist uns immer schon zugewandt, ganz Ohr für uns. Er sehnt sich danach, uns zu trösten.

*Ihr werdet euch wie Kinder fühlen, die ihre Mutter auf den Armen trägt, auf den Schoß nimmt und liebkost. Ich will euch trösten wie eine Mutter ihr Kind. Die neue Pracht Jerusalems lässt euch den Kummer vergessen. Wenn ihr das alles seht, werdet ihr wieder von Herzen fröhlich sein, und neue Lebenskraft wird euch durchströmen.*

*Jesaja 66,12b-14a*

## Jeder muss reifen

Um mit dem Fallschirm abzuspringen, ist eine gewisse Höhe nötig, damit er sich öffnet. Sonst erfolgt eine unsanfte, vielleicht sogar tödliche Landung.

Für einiges im Leben muss man erst reif geworden sein, z.B. für Partnerbeziehungen. Wer sich zu früh auf ein intimes Verhältnis einlässt, riskiert eine gefährliche Landung. Alles Wertvolle und Große braucht seine

Zeit. Und die Partnerschaft ist etwas Wertvolles und Großartiges.

Es ist immer so: Wer schnell hoch hinaus will, um dann den sanften Flug des Lohnes für sein Bemühen zu genießen, der bildet sich womöglich nur ein, es schon geschafft zu haben. Vielleicht trifft das rein äußerlich zu, aber innerlich ist er nicht er-wachsen genug. Gut Ding will Weile haben.

Alles hat seine Zeit, sagt schon die Bibel. Wer ernten will, muss zuvor gesät haben und dann warten können, bis es so weit ist. Wir brauchen Geduld.

Das ist heute besonders gefragt. Es scheint so, als könne man alles sofort haben. Vielfach ist das ja auch so – wenn es sich um äußere Dinge handelt. Aber es ist ein fataler Trugschluss, die sofortige Machbarkeit von Äußerlichkeiten auf seelische Prozesse übertragen zu wollen. Erwachsen wird man nur, wenn man sich ein Leben lang dazu Zeit nimmt.

Wer diese Zeilen liest, ist wahrscheinlich nicht mehr sehr jung, sicherlich längst erwachsen. Aber auch ganz ausgewachsen? Wir leben nur so lange, wie wir noch auf etwas warten, auf etwas, das noch reifen muss, das in uns noch nicht erwachsen ist. In bestimmten Phasen des Umbruchs der körperlichen Entwicklung eines Kindes treten die „Wachstumsknoten“ auf. Ob es solche nicht auch in der Entwicklung der Seele gibt, dann, wenn sie Umbruch-

***Wir sind heute***
***so beschränkt,***
***dass wir uneingeschränkt***
***leben wollen.***

JOHANNES HASSELHORN

phasen durchzumachen hat? Dann gilt es, sich neu zu orientieren und auf bestimmte Ziele zuzugehen.

Gott führt uns manchmal in solche Umbruchphasen. Dann kann einem alles „verkorkst und verknotet“ vorkommen. Besonders Zeiten der Krankheit können uns so erscheinen. Aber alles soll uns dazu dienen, dass wir weiterkommen.

*Das eine aber wissen wir: Wer Gott liebt, dem dient alles, aber auch wirklich alles zu seinem Heil; denn dazu hat Gott selbst ihn erwählt und berufen.*

*Römer 8,28*

# Wir müssen nichts verbergen

Es ist Badespaß: Einen Ball tief unter die Wasseroberfläche zu drücken, um ihn dann loszulassen, damit er plötzlich hochschnellt.

Mit Angelegenheiten, die uns unangenehm sind, gehen wir ähnlich um: Wir halten sie im Verborgenen, gewissermaßen „unter Wasser“. Und nicht selten fädelt der Mensch das so perfekt ein, dass er nicht einmal selbst etwas davon merkt. Das verdrängte Problem scheint ihn überhaupt nicht mehr zu kümmern.

Doch das hat einen hohen Preis. Die Kraft zum Verdrängen muss irgendwo hergenommen werden. So entstehen in anderen Bereichen Schwachstellen, die mit dem eigentlichen Problem kaum oder gar nichts zu tun zu haben scheinen: Zwänge, Ängste, Depressionen, körperliche Erkrankungen.

*Immer war die Tiefe,*
*aus der wir schrien,*
*die Stätte der Wunder.*
*In ihr gedeihen die Lebenskeime unseres Glaubens.*

HELMUT THIELICKE

Viele Menschen leiden heute an psychosomatischen Erkrankungen. Ein Grund dafür ist wahrscheinlich, dass es gesellschaftsfähig ist, seelische Konflikte so auszutragen. Wenn man seelisch krank ist, dann gilt man ja als nicht ganz normal. Aber eine körperliche Krankheit wird akzeptiert.

Vor Gott brauchen wir nichts zu verbergen. Er macht nicht die Unterschiede wie wir. Er wertet keinen Menschen wegen seelischer Probleme ab. Und wer hat eigentlich keine Probleme? Die einen werden bloß besser damit fertig als die anderen. Oder sie können sie besser verdrängen.

Gott sagt ja zu uns, so wie wir sind. Vor ihm dürfen wir ganz offen sein. Diese Tatsache kann dazu verhelfen, sich auch vor Menschen zu öffnen: Weil ich vor Gott so sein darf, wie ich bin, darf ich es auch vor anderen Menschen sein.

„Ich habe erst zweimal in meinem Leben geweint", bekennt ein Patient. „Das erste Mal ist schon lange her, als meine Mutter starb." „Und jetzt, hier im Krankenhaus, weine ich auf einmal so viel. Was ist nur los mit mir?" Vielleicht hat er das Empfinden, in dieser Umgebung weinen zu dürfen. Hier wird er deswegen nicht verachtet. Endlich einmal alles herauslassen zu können, was wir sonst immer tapfer hinunterschlucken. Das kann so heilsam sein wie befreiendes Lachen.

*Wie ein Hirsch nach frischem Wasser lechzt, so sehne ich mich nach dir, o Gott! Ja, ich dürste nach Gott, nach dem lebendigen Gott. Wann darf ich in seinen Tempel kommen? Wann darf ich ihn anbeten? Tag und Nacht weine ich, Tränen sind meine einzige Speise, denn ständig verspottet man mich und fragt: „Wo bleibt er denn, dein Gott?" Warum bin ich nur so traurig? Warum ist mein Herz so schwer? Auf Gott will ich hoffen, denn ich weiß: ich werde ihm wieder danken. Er ist mein Gott, er wird mir beistehen!*

*Psalm 42,1-4.6*

# Die Kraft des Betens

> *Das Gebet ist die allmächtige Kaiserin.*
>
> Martin Luther

Beton mit Stahlgittern verbunden ergibt eine besonders hohe Festigkeit. Jesus sagte, dass die Gemeinschaft der Christen auf Fels gegründet ist. „Kein Feind wird sie vernichten können, nicht einmal der Tod.“ Es muss also unter den Christen durch alle Zeiten hindurch etwas geben, das ihrer Gemeinschaft eine unüberwindliche Festigkeit verleiht. Ob dieses mächtige Bindemittel das Gebet ist?

Beten ist nicht eine bestimmte Form des Redens, schon gar nicht das Aufsagen frommer Sprüche. Der Kern des Gebets ist vielmehr ein Gespräch des Herzens mit Gott. Daraus entstehen dann die verschiedenen Formen des Gebets. Gebet ist Begegnung mit Gott, Gestaltung einer ganz persönlichen Beziehung zu ihm. Wir beten, um eine Verbindung zu ihm zu bekommen, und durch diese Verbindung kommt es zu einer Bindung an ihn, die unserem Leben Tragkraft gibt. In einem persönlichen Verhältnis zu Gott liegt die Kraft des Glaubens jedes einzelnen Christen – und diese Kraft in vielen ist die Kraft der Kirche. Wo die Verbindung mit Gott zustande kommt und echt ist, da entsteht von selbst auch eine Verbindung zu denen, die ebenfalls beten – wie ein Netzwerk.

Das geschieht ganz im Stillen. Gebet ist etwas sehr Intimes. Nicht geeignet für Fernsehkameras. Aber in der stillen Gottesbegegnung liegt die Kraft des christlichen

Glaubens, das Geheimnis seiner Unüberwindbarkeit und seiner unvergleichlichen Durchsetzungskraft.

Weil das Gebet etwas so Intimes ist, ist es nicht verwunderlich, wenn wir uns scheuen, uns öffentlich dazu zu bekennen und es auch öffentlich zu praktizieren. Das kann viel Überwindung kosten und aus gutem Grund auch peinlich wirken. Vor allem dann, wenn es nur praktiziert wird, weil es eben dazugehört. Doch soll man das Kind nicht mit dem Bade ausschütten und das Gebet ganz verloren gehen lassen. Es ist viel zu kostbar. Was kann uns denn mehr bedeuten als ein lebendiges Verhältnis zu Gott? Und woraus können wir mehr Kraft schöpfen?

Haben Sie Mut zum Beten. Machen Sie sich keine Sorgen um die passende Art und Weise. Es ist wie bei einem guten Gespräch: Das gelingt in einer unverkrampften Atmosphäre, wo einer echt und ehrlich ist und wo einer sein Herz zu Wort kommen lässt – und den anderen! Gebet ist ganz wesentlich ein Hören. Und wenn Sie schon lange nicht mehr gebetet haben – oder sogar noch nie: Warum nicht heute damit anfangen?

*Der Herr ist gnädig und barmherzig; seine Geduld hat kein Ende, und seine Liebe ist grenzenlos! Der Herr ist gut zu allen und schließt niemanden von seinem Erbarmen aus, denn er hat allen das Leben gegeben. Wer keinen Halt mehr hat, den hält der Herr; und wer schon am Boden liegt, den richtet er wieder auf. Der Herr ist denen nahe, die zu ihm beten und es ehrlich meinen. Er geht auf die Wünsche derer ein, die voll Ehrfurcht zu ihm kommen. Er hört ihren Hilfeschrei und rettet sie.*

*Psalm 145,8-9.14.18-19*

# Die größere Weisheit

> *Die Bibel sagt uns: Der Gekreuzigte ist der Weisheit Gottes letzter Schluss.*
>
> Ulrich Parzany

Hans im Glück“ ist ein Narr: Am Anfang ist er reich. Aber alles, was er hat, tauscht er jeweils gegen etwas ein, das nur dem Schein nach schöner ist, aber in Wirklichkeit weniger wert. Schließlich steht er arm da.

Die Christen aller Zeiten hat man Narren geheißen, und sie haben sich sogar selbst so genannt: „Wir sind Narren um Christi willen.“ Und seinen Lesern legte Paulus nahe: „Wer unter euch meint, weise zu sein in dieser Welt, der werde ein Narr, dass er weise werde.“ Was hat er sich dabei gedacht?

Den Jüngern, die mit Jesus unterwegs waren, kamen gelegentlich Zweifel, ob dieser Weg vernünftig sei. Deshalb fragten sie Jesus: „Um deinetwillen haben wir unser Leben so sehr verändern lassen. Was haben wir davon?“ Verständlich, dass sie fürchteten, Narren zu werden.

Aber dieser „Hans im Glück“ hat ja noch eine andere Seite, um die man ihn geradezu beneiden könnte: Je mehr er hergibt, desto sorgloser wird er. Ist er vielleicht gar nicht so dumm, wie es scheint? Hat er vielleicht nur den tieferen Blick für die wahren Schönheiten des Lebens, die nicht mit Geld aufzuwiegen sind? In unserer leistungsorientierten Gesellschaft fragen wir schon fast zwanghaft: Was bringt das? Was hat das für einen Zweck? Was kostet es? Was ist es wert? Der „Hans im Glück“ schert sich gar nicht darum und freut sich einfach unbeschwert des Lebens.

Das meint auch Paulus: Es gibt eine Weisheit Gottes, die ist ganz anders als die Weisheit dieser Welt, der es ständig um den eigenen Profit zu tun ist. Dieser Weisheit Gottes geht es tatsächlich nicht um das Dazugewinnen, sondern um das Verlieren. Es ist die Weisheit des Loslassens und Hergebens. Kann es weise sein, immer mehr bekommen zu wollen? Wohin denn damit?

Wer die Augen aufmacht – und in einem Krankenhaus können sie einem leichter als anderswo dafür aufgehen – der kann sehen, dass wir das Leben nur dann meistern, wenn uns das Sterben gelingt. Sterben fängt nicht erst mit einer Krankheit zum Tode an. Sterben müssen wir unser Leben lang lernen: Nicht festzuhalten, loszulassen, was wir nicht halten können und was uns letztendlich doch nur zur Last wird. Nicht, weil wir das so müssen, sondern weil es unser Weg ist. Weil wir anders nicht vorankommen. Wer Wesentliches gewinnen will, muss auf Unwesentliches verzichten lernen. Und darauf zielt Gottes manchmal harte Erziehung: Wo er uns etwas nimmt, will er uns dazu befreien, dass wir Wesentlicheres finden. Das geschieht nicht von einem Augenblick zum anderen, aber als Summe unserer Erfahrung.

Vor-Bild und Vor-Zeichen dieser Weisheit ist der Weg Gottes selbst in dieser Welt. Der Weg Jesu: Ein Weg des Loslassens, des Sterbens, um Wesentliches zu gewinnen. Dieses Wesentliche ist der Sieg der Liebe. Sie musste einmal ihre wahre Kraft beweisen. Sie ist stärker als der Tod. Alles vergeht, aber die Liebe Gottes zu uns bleibt.

*Ein reicher Gutsbesitzer hatte eine besonders gute Ernte. Er überlegte: Wo soll ich bloß alles unterbringen? Meine Scheunen sind voll; da geht nichts mehr rein. Er beschloss: Ich werde die alten Scheunen abreißen und neue bauen, so groß, dass ich das ganze Getreide, ja alles, was ich habe, darin unterbringen kann. Dann will ich mich zur Ruhe setzen. Ich habe für lange Zeit ausgesorgt. Jetzt lasse ich es mir gut gehen. Ich will gut essen und trinken und mein Leben genießen! Aber Gott sagte zu ihm: Du Narr! Noch in dieser Nacht wirst du sterben. Was bleibt dir dann von deinem Reichtum? So wird es allen gehen, die auf der Erde Reichtümer sammeln, aber mit leeren Händen vor Gott stehen.*

*Lukas 12,16b-21*

# *Gott bringt uns ins Gleis*

Im Gelände eines Technikmuseums steht eine riesige Lokomotive auf kleinen Schienchen. Wie ist sie nur dorthin gekommen? Es muss wohl eine Verbindung zum Schienennetz der Bahn geben. Richtige Bahnschienen müssen sehr stabil sein. Nur dann kann eine Lokomotive ihre volle Kraft entfalten.

Im menschlichen Leben stecken starke Kräfte. Aber es ist wie bei einer Lokomotive: Sie können sich nur auf stabilen Schienen recht entfalten. Entgleisungen haben nicht nur bei Eisenbahnen manchmal furchtbare Folgen.

Gott hat uns mit seinen Geboten solche Schienen gegeben. Wenn wir uns daran halten, kann das Leben gelingen. Niemand würde behaupten, dass durch die Schienen die Lok bei der Entfaltung ihrer Kraft behindert wäre. So sind auch Gottes Gebote nicht dazu da, unser Leben zu lähmen und einzuschränken. Wir schaffen es aber nicht, die enormen Energien in uns zu kontrollieren, wenn wir ohne die Hilfe dieser stabilen Schienen bleiben. Die Räder graben sich in den Boden und wir bleiben stecken. Oder wir entgleisen und richten Schaden an.

Allerdings: Wenn ein echter Zug aus dem Gleis gerät, ist es fast immer eine Katastrophe. Eigentlich darf so etwas nicht vorkommen. Glücklicherweise geschieht dies auch wirklich selten. Das menschliche Leben könnte überhaupt nicht gelingen, wenn es hier genauso wie bei einer Lok wäre. Keiner bleibt dauernd auf der Linie, die Gott ihm bestimmt. Entgleisungen gehören fast zum Alltag.

Da passt der Vergleich mit einer Modelleisenbahn besser. Dort ist es kein Problem: Ein Wagen entgleist und man setzt ihn einfach wieder auf die Schiene. Und schon geht es weiter.

Wir haben die großartige Möglichkeit, so auch mit unseren menschlichen Entgleisungen umzugehen. Oder besser: So umgehen zu lassen. Für Gott ist es keine Schwierigkeit, selbst nach einem schlimmen Durcheinander alles wieder ins Gleis zu bringen. Er tut es durch die Kraft der Vergebung. Gott sagt nicht: „Jetzt ist aber Schluss. Zu viel ist zu viel. Jetzt bleib' im Graben liegen." Es gibt aus seiner Sicht keinen Grund dafür, denn Jesus hat alle Strafe für unsere Schuld am Kreuz auf sich genommen. Deshalb gibt es immer einen neuen Anfang für uns. Keine Entgleisung ist so groß, dass Gott sie nicht zum Guten wenden könnte.

Es gibt nur eine Voraussetzung dafür: Wir müssen es selbst wollen. Wer nicht mehr im Gleis ist, kann es Gott offen sagen. Er macht uns keinen Vorwurf wegen unserer Schuld. Gott interessiert nur eins: Er möchte uns die Schuld vergeben. Er bringt uns wieder zurecht. Er hat ein Ziel mit uns: Leben sollen wir. Echtes, gutes Leben soll es sein, in dem sich die Kraft voll entfaltet, die in uns steckt. Dazu gibt Gott uns die Gebote. Dazu schenkt er uns seine Vergebung.

*Vom Positiven und nicht vom Verbot her heilt das Dasein.*

WERNER JENTSCH

*Leben wir im Licht Gottes, dann sind wir auch miteinander verbunden. Und das Blut, das sein Sohn Jesus Christus für uns vergossen hat, befreit uns von aller Schuld. Freilich werden immer wieder Leute behaupten, sie hätten das nicht nötig, sie seien frei von aller Schuld. Wer so etwas sagt, betrügt sich selbst. In ihm ist kein Fünkchen Wahrheit. Wenn wir aber unsere Sünden bereuen und sie bekennen, dann dürfen wir darauf vertrauen, dass Gott seine Zusage treu und gerecht erfüllt: Er wird unsere Sünden vergeben und uns von allem Bösen reinigen.*

*1. Johannes 1,7-9*

# *Steine im Weg*

Wer krank ist, dem muss man es nicht erst sagen, dass der Lebensweg recht steinig sein kann. Es ist klug, dies zu akzeptieren. Dann brauchen wir auch über die Steine auf dem Weg nicht zu klagen; wir können sie vielmehr als Herausforderungen annehmen. Sie sind uns in den Weg gelegt, damit wir etwas Gutes daraus machen.

Zum Beispiel könnte man sie als Stufen benutzen. Bergwanderungen werden leichter durch die Steine im Weg, wenn man sie als Tritte nutzt. Das kann sogar richtig Spaß machen. Aber man muss schon genau die

Augen aufmachen, wo der Fuß hinzusetzen ist. Ob Stolperstein oder Stufe – das ist im Grunde genommen eine Sache der Aufmerksamkeit. Steine im Weg erfordern Konzentration. „Seht mit großer Sorgfalt darauf, wie ihr euer Leben führt, nicht als Unweise, sondern als Weise", schreibt der Apostel Paulus.

Ob Stolperstein oder Stufe, das ist auch eine Frage der Vorstellung, die wir von Gott haben. Gott mutet uns die Steine im Weg zu. Vertrauen wir, dass er sie nicht gegen uns dort liegen lässt, sondern für uns? Wenn wir glauben, dass auch auf steinigen Wegen immer ein gutes Ziel erreicht werden kann, weil Gott uns liebt, dann werden uns die Schwierigkeiten nie über den Kopf wachsen. Wir müssen nicht krampfhaft allem Unangenehmen etwas Positives abgewinnen. Die Sache selbst, der Stein des Anstoßes, muss auch nicht schön geredet werden. Aber wir sollen daran festhalten, dass jeder Stein eine Stufe zum Weiterkommen für uns sein kann. Wir dürfen glauben, dass wir nicht stolpern, sondern vorwärts kommen sollen.

> *Natürlich habe ich viele Fehler, wenn du wenig Liebe hast.*
>
> CHARLES HADDON SPURGEON

Die andere Frage ist, ob man sich mit jedem Stein im Weg abfinden muss. Dann würde das Weiterkommen unnötig schwer. Das Leben wird zur Last, wenn die Lust zum Leben fehlt. Lebenslust ist aber immer der Mut zur Veränderung, indem man sagt: „Ich gebe mich nicht mit diesem steinigen Weg zufrieden, auf dem ich nur so mühsam vorankomme. Ich mache jetzt eine Straße daraus, weil ich leben will!"

Unser Leben ist uns gegeben, dass wir etwas daraus machen. Auch die widrigen, harten, unliebsamen Steinblöcke unseres Schicksals und Charakters brauchen wir nicht unbearbeitet liegen zu lassen. Sie fordern uns heraus, dass wir sie umgestalten. Dann verändern sie ihr Gesicht. So rundet sich das Bild von unserem Leben, und wir können immer dankbarer dafür werden.

*Gepriesen sei Gott, der Vater unseres Herrn Jesus Christus, der Vater voller Barmherzigkeit, der Gott, der uns in jeder Not tröstet! In allen Schwierigkeiten ermutigt er uns und steht uns bei, so dass wir auch andere trösten können, die wegen ihres Glaubens zu leiden haben. Wir trösten sie, wie Gott auch uns getröstet hat. Weil wir Christus gehören und ihm dienen, müssen wir viel leiden, aber in ebenso reichem Maße erfahren wir auch seine Hilfe.*

*2. Korinther 1,3-5*

# *Der beste Begleiter*

Vor 150 Jahren lebte der Maler Ludwig Richter, der heute noch durch seine Buchillustrationen bekannt ist. Er schuf zahlreiche Bilder biblischer Szenen. Wie viele Künstler seiner Zeit unternahm er eine Bildungs- und Studienreise nach Italien. Unterwegs begegnete er einem holländischen Steuermann, der Schiffbruch erlitten hatte und sich nun auf der Heimreise befand. Er habe einen guten Reisegefährten für den weiten Weg, erzählte der Holländer. Es sei Gott selber. Dann zog er ein kleines Neues Testament aus der Tasche und zeigte es ihm. „Wenn ich mit ihm rede, so antwortet er mir daraus. So wandere ich getrost, lieber junger Herr."

Richter war beeindruckt. Als er auf der Weiterreise ins Zillertal kam, fand er in seiner Herberge ein evangelisches Beichtbüchlein. Er blätterte darin und stieß auf Worte Jesu aus dem Johannesevangelium. „Ich bin der Weg, die Wahrheit und das Leben; niemand kommt zum Vater denn durch mich." Dieser Satz beschäftigte ihn besonders. Er wurde selbst zum Bibelleser.

Ob Schiffbruch oder nicht – wir sind gut beraten, Gottes Worte mit auf unseren Lebensweg zu nehmen.

***Den Inhalt der Bibel bilden gar nicht die rechten Menschengedanken über Gott, sondern die rechten Gottesgedanken über den Menschen.***

KARL BARTH

Einen besseren Wegweiser gibt es nicht. Auch keine bessere Stärkung und keinen größeren Trost in der Angst. Wer Orientierung für seinen Weg durch das Leben sucht, der greife nach der Bibel. Dort findet er Jesus: genug von ihm, um ihn kennen zu lernen, um zu wissen, was er an ihm hat. Und dort, bei Jesus, findet er den Weg, die Wahrheit und damit das Leben selbst. In Richtung Heimat soll die Reise gehen. Wir alle suchen die Heimat bei Gott. Jesus hat gesagt, dass wir sie durch ihn finden. Und dass es sich nicht lohnt, anderswo zu suchen.

„Dein Wort ist eine Leuchte für mein Leben", heißt es in einem Psalm, „es gibt mir Licht für jeden nächsten Schritt."

*„Seid ohne Sorge, und habt keine Angst!" forderte Jesus sein Jünger auf. „Vertraut Gott, und vertraut mir! Denn im Hause meines Vaters gibt es viele Wohnungen. Wenn es nicht so wäre, hätte ich euch nicht gesagt: Ich gehe hin, um dort alles für euch vorzubereiten. Ich bin der Weg, ich bin die Wahrheit, und ich bin das Leben! Ohne mich kann niemand zum Vater kommen."*

*Johannes 14,1-2.6*

# *Im Leiden festgehalten*

Der Legende nach lief Petrus, als er nach Rom gekommen war und um seines Glaubens willen leiden sollte, davon. Da sei ihm Jesus auf dem Weg begegnet. „Domine, quo vadis?" habe Petrus ihn gefragt – „Herr, wohin gehst du?" „In die Stadt, um an die Stelle meines Jüngers zu treten, der seinem Leiden aus dem Weg geht." Da sei Petrus wieder umgekehrt.

Das würde ja schon zu Petrus passen. Wir kennen ihn aus dem Neuen Testament als einen Draufgänger, der keine Auseinandersetzung scheute. Aber nur, wenn er die Gelegenheit hatte, sich selbst dadurch Raum zu schaffen. Gab es jedoch keine andere Möglichkeit mehr, als sich zu fügen und etwas auf sich zu nehmen, dann brach er aus.

Das wäre ein Jesus für ihn gewesen: Ein Meister, der mit ihm vorangeht und sich durchkämpft, vor dem die Feinde zurückweichen, der durch nichts aufzuhalten ist. Ein Kämpfer, der ihm Bahn bricht, damit er selbst nicht leiden muss. Aber dann kam es immer wieder anders, und Petrus wurde nicht fertig damit. Er zweifelte an der Vertrauenswürdigkeit Gottes und ergriff die Flucht. Mitunter war es eine Flucht nach vorn, aber besser war die auch nicht.

***Im Sterben seines Sohnes zieht Gott das Leiden der Welt auf sich.***

SIEGFRIED KETTLING

Das musste er erst allmählich lernen: Dass Jesus nicht vom Leiden erlöst, sondern im Leiden beisteht. Christ zu sein bewahrt nicht vor Leiden, sondern schafft einen Weg hindurch. Kein Christ soll das Leiden suchen. Aber wenn es kommt (und es kommt zu Christen nicht weniger als zu den Menschen sonst), dann braucht der Christ nicht davor wegzulaufen. Dann darf er wissen: Ich bin nicht allein gelassen. Jesus, mein Herr, steht mir bei. Jesus weiß, was Leiden ist; der ist hindurchgegangen. Und mit ihm kommen wir auch hindurch: zur anderen Seite, in die große Freude, zum Aufatmen. Der Geduld winkt ein großer Lohn.

„Domine, quo vadis?" Die Geschichte endete mit dem Einverständnis des Petrus: „Ich will umkehren. Ich will nicht vor dem Leiden fliehen. Ich sehe, es ist der Weg, den du mich führst – mein Weg, dein Weg mit mir. Aber ich habe große Angst. Bitte, Herr, geh' mit. Ich schaffe es nicht allein. Du kennst mich doch. Bitte, hilf mir bei jedem Schritt. Bitte bring' mich durch."

*Gott ist gut zu allen, die ihm ganz vertrauen. Das kann niemand bestreiten! Ich aber hätte beinahe an ihm gezweifelt, fast hätte ich den Glauben aufgegeben. Denn ich beneidete die überheblichen Menschen: Ihnen geht es gut, obwohl Gott ihnen völlig gleichgültig ist. Ihr Leben lang haben sie keine Schmerzen, sie strotzen vor Gesundheit und Kraft. Sie müssen sich nicht abplagen wie andere Menschen, und die täglichen Sorgen sind ihnen ganz und gar fremd. Also suchte ich zu begreifen, warum es dem Gottlosen gut und dem Frommen schlecht geht, aber es war viel zu schwer für mich. Da ging ich in Gottes heiligen Tempel, und dort wurde mir auf einmal klar: entscheidend ist, wie ihr Leben endet! Jetzt aber bleibe ich immer bei dir, und du hältst mich bei der Hand. Du führst mich nach deinem Plan und nimmst mich am Ende in Ehren auf. Herr, wenn ich nur dich habe, bedeuten Himmel und Erde mir nichts. Selbst wenn alle meine Kräfte schwinden und ich umkomme, so bist du doch, Gott, allezeit meine Stärke – ja, du bist alles, was ich habe!*

*Psalm 73,1-5.16-17.23-26*

*Hier ist Platz für Ihre Fragen, Gedanken und Gebete!*